心づかいQ&A

「今」を前向きに生きる

玉井 哲
Tamai Akira

公益財団法人
モラロジー研究所

はじめに

モラロジー研究所発行の月刊誌『ニューモラル』で、「心づかいQ&A」のコーナーを担当して五年、六十回を経過しました。当初は少し戸惑いもしましたが、自分にできるベストを尽くす以外何ともなりませんし、カウンセリングの世界でも人によってアプローチは異なるものですから、「別の回答者が答えるとすれば、また違った回答があってもおかしくはない。〝完璧な回答を書く〟などと気負わずに書かせてもらおう」と決意したことが、今日まで何とか続いた要因になったのだと思っています。

一つ一つの質問は、きわめて身近なものばかりですが、私の手には負えないものもあれば、一見して解決は比較的容易かと感じられるものもありました。しかし、それら一つ一つの質問がご本人の切実な問題である限り、私は、ご本人が試行錯誤しながら〝真実の自分〟に出会っていかれるのを援助すればよいのだということに気づきました。そんな気づきを得てからは、毎回の質問が私にとっては新鮮で、回答を試みる私自身も知性と感性を磨いてもらっているようで、とても楽しい学びとなっています。

回答を試みるに当たっては、次のようなことを心がけました。

一、質問に対しては、しっかり正面から受けとめ、一方に偏せず、客観性と中立性を保つこと。

二、「正解を追求し、正解を出す」という姿勢はとらないこと。

三、発生している状況について、価値判断を交えないで、可能な限り明晰（めいせき）に客観的に記述してみること（あらゆる事実を俎板（まないた）の上に載せる）。

四、正解を急がず、三の過程を丁寧に遂行する中に、真実（問題の核心）は必ず現れてくるという考え方を基本とすること。

五、現れてきた真実を、質問者と語り合い、分かち合うという姿勢で回答を書き、相手に（上から）教えるという態度はとらないこと。

この五つの視点は、私が現象学という学問から学び得た方法で、今日のカウンセリング理論一般の底流にある態度と言ってもよいでしょう。問題発生に至る構造が明らかになれば、真実（解決への道）はおのずと現れてくるはずであるという態度です。

具体的な質問への回答が、そのように展開できているかどうかはいささか自信がないのですが、私の基本姿勢はここにあります。このことを理解してくだされば、読者の皆様ご自身が問題に直面した時、この五つの視点を応用し、少し冷静に考える習慣を身につけていただくことができるのではないかと考えています。

読者の皆様は、私の回答にいろいろな感想を抱かれていることと思いますが、気づかれることがありましたら、出版部までご提案いただければと思います。「自分を理解する、他者を理解する、そして相互理解の地平を拓く」という人間関係の世界は、限りなく多様で、深くもあり広くもあり、学びの道に終わりはありません。この小さな本が、人間について共に考え、真実の自分に出会う場を提供できるとすれば、著者としては本望です。

玉井　哲

心づかいQ&A「今」を前向きに生きる／目次

第2章　支え合い、助け合う

第3章 「人生」と向き合う

装丁　　　レフ・デザイン工房　神田程史

第1章

自分を磨く、心を磨く

Q1

「将来」に迷いを感じる十代
――生きがいに満ちた仕事に就くには

公立高校に通う高校生です。好きな教科も苦手な教科もありますが、最近、自分は何のために学んでいるのか考えてしまいます。

父はエスカレーターの部品をつくる企業の技術者で、母は近くの学校で栄養士として働いています。両親共、大学を出て今の仕事に就き、その仕事に誇りをもって生きているようです。二人を尊敬する反面、自分はとても両親のようにはなれないと思います。　（十八歳・男性）

＊自分を卑下せず、もっと強い心で

堅実に生きておられるご両親を尊敬しつつも、〝自分は親のようには生きられない〟という思いを抱き、どのように「自分らしい自立した人生」をめざしたらよいかについて考えて、消極的になっているご様子。「自分を卑下せず、もっと強い心で」と、エールを送ります。

あなたは高校時代の今から「自分の人生の目標」について考えておられるのですから、立派なことです。ここはじっくりと、そして大きな希望をもって考えてくださるように応援したいと思います。

現代は社会の価値観が多様化し、家族への愛情や国家への忠誠心が希薄になって、何をやっても許されるような世の中です。この自由で物質生活中心の競争社会の中にあって、自分の心にぴったりする「生きがい」を発見するというのは、なかなか難しいことかもしれません。よき師とのご縁を求めて、自分のこと、社会のこと、将来の夢について、自由に語り合えるとよいですね。決して慌(あわ)てる必要はありません。十分に時間をかける値打ちのある問題ですから。

＊「社会の一員」としての使命

高校時代の悩みは、今学んでいる学問が現実社会の問題とどのように関係しているかを理解しづらいことにあります。

そこでまず、「社会の一員として生きる」とはどういうことか、について考えてみましょう。

今、私たちの周りに目を向けると、家庭の崩壊、学校教育の荒廃、経済活動のグローバル化、高齢社会の扶養・介護といった身近な問題から、国家の安全保障、近隣諸国との平和的共存、南北問題にからむ貧富の問題や、地球環境の保全といったグローバルな問題に至るまで、さまざまな課題が山積しています。これらの解決に向けた努力をしていかなくてはならないわけですが、それと同時に「一つの国家を維持し、過去から受け継がれてきた伝統・文化・教育を維持していく」という文化的な事業の継承も、大切な課題です。

私たちの祖先は、家庭や社会や国家を維持し発展させるために、今日まで、その時代、その時代の課題の解決に向けた努力をしつつ、また新しい挑戦を続けてきました。今、私たちも、よりよい形で次世代にバトンタッチするために、個々人の自由と平等と安心が保障される社会の実現をめざしているのです。

高校生であるあなたには、いまだ「社会の一員」としての自分の人生の重さを正面から受けとめるだけの姿勢ができていないように見えますが、これからの長い人生を思う時、「どのような仕事に就いて自己実現を図り、また、家庭や社会、国家の諸問題とどのようにかかわっていくか」を考えるのに、早すぎるということはないと言えましょう。

＊高校生である今だからこそ

私自身の体験からも申し上げることができると思うのですが、高校時代とは、昔で言う「立志」の時期です。知的・精神的にも体力的・技術的にも成長の途上にありながら、大学進学をどうするかという点をはじめとして、自分の人生や自己実現の方向性を大きく左右する課題にも直面するころでしょう。ですから、しっかりと自分の適性（得手不得手）を見きわめるとともに、これからの人生を歩むうえでの基礎となる知力・体力・人間力を鍛える、大切な時期であると覚悟してください。

言うまでもなく、学問をする目的は、単に自分の幸せのためだけではありません。自然科学や精神科学に関する知識と関心、そして実践力を身につけることは、先に述べたような身近な社会問題を解決しつつ、国家や地球上の人類の安心と平和を実現することにつながっています。また、後年にならないと分からないのですが、学校で学んできた基礎的かつ小さな知識の限りない蓄積と、現実社会でのさまざまな経験や知恵、関係する人々の考えを建設的にまとめ上げる粘り強い努力が累積されて、その人の能力も大きくなっていくのです。

ですから、あなたには今、親と比較してどうこうと悩むよりも、大切にしていただきたいことがあります。それは、今はまだ自分の使命に出会っていないとしても、その時が来るまで、視野を広げながら、積極的・自主的に「今できる学び」に徹し、より高度な問題に解決を与え得る基礎能力を培(つちか)っておいてほしいということです。そのような「平凡な努力」を「非凡に続けていくこと」が、自分にふさわしい使命に出会うことにつながるのです。
「光陰矢の如し」です。寸時を疎かにせず、よき師を求め、強い意志をもって、前向きに歩まれることをお勧めします。

まずは「今できる学び」に徹して平凡な努力を続け、基礎能力を養いましょう。
若い時代を大切に過ごしてこそ
「生涯の使命」に出会うことができます。

Q2

嫌われることを恐れて断れない
——自分の弱さに腹が立つ

人との付き合い方に悩んでいます。例えば、ちょっとした知り合いから「お付き合いで新聞を取ってください」と頼まれると、本心は嫌(いや)なのに結局は購読してしまったりして、頼まれ事をされると断ることができません。

〝断ったら嫌われるのでは〟という思いがどうしても出てきて、自分の心の弱さが腹立たしくなってきます。

（二十代・男性）

＊自分の育ち方を見つめ直そう

自分でも分かっている気の弱さ、他人の要求を拒否することのできない人のよさ、心の弱さを、腹立たしく思っておられることがよく分かります。

あなたは今、自分の「断ることのできない気の弱さ」や「断ったら嫌われるのでは」という考えに縛（しば）られ、その考えを何とかしたいと思っておられるようですが、そのように考えているだけでは何ともならないでしょう。むしろ、自分がこのように考えるに至っているのはどこに根があるのか、少し客観的に過去の生育歴やその時の自分の考え方・態度について検討してみようという、積極的な姿勢が必要です。

というのは、どのような人も、自分の過去の生育過程の環境（親子・きょうだい・友人・社会・自然環境）の影響を受けながら、自分の考え方や生き方を選択してきているからです。現在の考え方の歪（ゆが）みにはもう一つ大きな根っこがあって、その根っこを何とかしなくては、今の表面的な歪みは治せないということです。

＊自分を守りたいからといって……

人間の「自立」とは、どういうことでしょうか。——それは「自分とは違った考えをもつ人に出会った時、自分の気持ちに素直に生きながら、相互の気持ちや立場を尊重できるようになること」でもあります。

私たちは、学校に通って社会生活の仕方に習熟していく時代から、生涯を通じて人間関係の中で生活するわけです。他の人とかかわれば、考え方や生活習慣、言葉づかいなどの違いによって、時には他人の理不尽な態度に苦しめられたり、敵対的な関係にさらされたりすることもあります。そのような中で他人を拒否したり、拒絶したりすれば、ますます敵をつくることにもなります。そんな嫌な思いはしたくないということで、自分の本心を裏切ってまで他人に対して従順な態度をとって、自分の身を守ろうとすることもありましょう。これも「自分がかわいい、自分を守りたい」と思う心（自己保存の心のはたらき）の表れです。

あなたのこれまでの人生の中で、自分で決断しなければならないような局面に出会った時、どのようにふるまってきたかを振り返ってみてください。「どのような人間も嫌ってはいけない」「誰とでも仲よくしなくてはいけない」というような完全主義に縛られてはいませんか。「理不尽な人をも拒絶してはならない」という不可能に近い考えを、根っこにもってはいませんか。自分の意見をはっきり言えば相手から否定される恐れがあるために、そうした対決を避けようとして、相手に対して従順になることによって自他の関係を平和に治めるようにしてきたのではありませんか。そんな完全主義的な自分に、そろそろお別れをする時期が来ていると考えてはどうでしょうか。

＊子供の心から大人の心へ

私も二十代の中ごろまでは、他人の発言に同調するばかりで、果ては自分の知らないことにまで「そうだね」などと知ったかぶりをして、自分の身を守ろうとしていたことがあります。本音を言えば、今のあなたと同じように「他人とは常に仲よくしなくてはならない」といった考えに縛られて、それが「よい子」だと考える、子供の心でいたのだと思います。

それが少し大人になって、〝「嫌なことは嫌」「知らないことは知らない」と言うことは、決して恥ではない。自分の心に嘘をついたり、知ったかぶりをしたりする自分を続けるほうが恥ずかしい〟という考えに至ったのです。その時から〝自分の真実な思いや考えを明るく話すことにしよう。たとえ他人と違った意見をもっていたとしても、違っていて当たり前〟などと考えられるようになっていきました。

「自分にとっても相手にとってもよい人間関係」は理想ですが、そうでない状況も、現実にはしばしば起こります。時には孤立したり、他人と対決したりする経験にも耐えなければなりませんが、大人になるということは、そうした時も相手を傷つけることなく、理性的に、自分と相手との考えや利害のバランスをとっていくことでしょう。自分を押さえて従順に人間関係を維持しようとするのではなく、自分の考えも相手の考えも共に尊重しながら、対等な人間関係をつくり上げていく努力をするのです。もちろん、自分の利益（保身）を考えているだけでは、正しい判断も勇気も湧いてこないことにも気づくでしょう。あなたが今、他人の評価を気にしているのは、その訓練ができていないからで、自分の考えや行為に対して他者がする評価というものは、気にすることはないのです。孤独にも耐える力をつけてください。

「天は自ら助くるものを助く」と言われます。あなたは自分の人生に責任をもって、堂々と歩んでいけばよいのです。相手の人格を否定したり、誹謗（ひぼう）したりするのはいけないことですが、自分の思いや意見を素直に述べる訓練をすることは大切です。

少々傷つくこともありますが、自分の心に正直に生きることほど自信の湧くものはありません。これが自己確立の道でもあるのです。

責任ある態度で、
自分に正直に生きる訓練をしましょう。

Q3

就職して三年、仕事にやる気が出ない

――転職も考えているが

食品の製造関係の仕事をして三年になります。ずっと同じ部署を受け持っていて、一応、仕事にも慣れたのですが、今ひとつ気持ちが乗らず、この間、単純なミスをおかして上司から叱(しか)られ、落ち込んでいます。

「自分にはこの仕事が向いていないのでは」とも思うようになり、転職を考えたりしますが、親に相談するのが面倒くさく、交際中の彼女にも話していません。どうしたらよいでしょうか。

（二十代・会社員）

＊何となく落ち着かない時期

就職して三年、仕事に慣れてきて、少しマンネリ気味。ミスが重なり叱られて、転職まで考えているとのことですが、一般的に見ても、同じ仕事を三年ぐらい続けていれば、仕事の内容も複雑さも、ひととおり分かってくるものです。その時、自分の仕事によほどの興味をもっていない限り、事に出遭うと〝自分には向いていないのではないか〟とか、〝別の仕事に変わろうか〟とか、しっかりと何か別のことに挑戦したいという気持ちもないままに後ろ向きになるのは、よくあることです。

ご質問に見る限り、あなたにも〝今の仕事を辞めて、ぜひこういう仕事に挑戦してみたい〟というような、明確な目標があるわけではないようですし、上司もあなたの仕事に対する情熱が見えないところを感じとられて、叱ってくれたのでしょう。

また、「親に相談するのが面倒くさく、交際中の彼女にも話していません」というあなたの言葉には、あなた自身も今の自分を腑甲斐（ふがい）なく思っているものの、自分に対する甘えがあるという心情が、よく表れているようです。ご自分でも〝もう少ししっかりと考えてみてからでないと〟と思っておられるようですから、ここは人生の一つ目の節目と考えて、慎重に自分自身と対話してみることが大切でしょう。

＊「どのような人生を歩むか」の分かれ道

これからあなたが歩む人生の長さを考えます時、年齢的にも、時期的にも、今が本当にあなた自身の人生と対峙する絶好の機会であることには、間違いありません。

ここはあなたの人生の一大事ですから、軽率な行動は避けて、少々の時間をかけてでも、自分の適性や能力、他の仕事への可能性などについて冷静に考え、慎重に行動する必要があります。〝安易に答えを出そう〟とか、〝少しでも楽な道を探そう〟などというように、決して人生を甘く見てはなりません。江戸後期の儒学者・佐藤一斎の教えに「少にして学べば、則ち壮にして為すこと有り。壮にして学べば、則ち老いて衰えず。老いて学べば、則ち死して朽ちず」（『言志晩録』六〇）とあります。若くして苦労から逃げているようでは、後年になって自己実現もできず、生きがいも感じられない人生になるのではないでしょうか。

今のあなたのように、気持ちが充実せず、心が萎縮している状態の時は、何を考えても大した結論は得られないでしょうから、まずは気分転換が必要です。〝少々時間をかけてもいい〟というぐらい、ゆったりと時間を過ごされることがよいでしょう。

自分の人生に対して賢明に、積極的に何事にも挑戦し、気概をもって過ごすのか、それとも曖昧な気分に流されて、自分の持ち前を発揮できないまま、消極的な人生を歩むのか……。これからのあなたの人生がどのようになっていくかは、現在のあなた自身の態度にかかっているのです。

＊仕事は「自己実現」「人間的な成長」の場

おそらく職場の上司も、あなたの今の心の内は見えているだろうと思われますし、あなたの適性についても考えておられることでしょう。

仕事は自己実現の場であり、あなたが自分の家庭をつくり、社会の活性化と発展にかかわり、ひいては国家の繁栄に貢献していくために、不可欠なツールです。仕事に貴賤はありませんが、「あなたの人格にふさわしい仕事の場」は、あなた自身が求め続けていれば、必ず得られるものです。上司の胸を借りてはどうでしょうか。落ち込んでいないで相談してみてください。その前向きな姿勢を、先輩たちは待っているはずです。

人は、その人が意識しているか否かにかかわらず、その仕事を通して学びを深め、人間的にも成長していきます。「他人や社会に安心と満足を与える」という仕事への基本姿勢は、仕事の場だけではなく、恋人との付き合いや両親への接し方にも当然現れてくることでしょう。いい加減な気持ちでいるのではなく、ご両親にも素直に本音で話されてはいかがですか。

「人生の喜び」や「生きがい」とは、仕事や家庭生活も含めたすべての縁ある機会を通じて、他人にどれほど「安心と満足」を提供できるかにかかっていると言ってもよいのではないかと考えます。

したがって、ここは結論を人頼みにすることなく、「自分が〝本物の自分〟になる機会（チャンス）」を与えられているものと考え、自分の適性や人生の目標について、真剣に考えてみてください。ご両親や彼女にも意見を聞いて、自分の心定めをしてください。きっと人生を共に歩む喜びが実感できると思いますよ。

そこまでできれば、後は苦を恐れず、粘り強く、自分で定めた目標に向かって努力あるのみです。くれぐれも、安きに流されないように。


今が大事。

肚（はら）を据えて「人生の目標」を模索してください。

ぐずる幼児を抱え、家事に手が回らない
——子供とどのように接するか

生後九か月の男の子の母親です。今まではミルクもよく飲み、睡眠も長く、非常に手のかからない子だと喜んでいたのですが、離乳食を食べるころから私が近くにいなくなると泣き出し、ぐずるようになりました。

起きている間はほとんど抱いていなければならず、食事もつい簡単なものばかりになってしまい、主人にも苦い顔をされています。親もいないので、相談する人がいません。子供への接し方を教えてください。

（二十代・主婦）

＊悪循環を断ち切って

生後九か月のお子さんがぐずることに戸惑って、あなたもつい消極的になり、気持ちが落ち込んでいる様子が感じとれます。

離乳食を開始するタイミングと進め方にも配慮が必要でしょうが、赤ちゃんも、今まではお母さんの胸元で安心して満腹感を味わっていたのに、離乳食に替えられたことで、親のぬくもりから無理やり離されたように感じ、不安になっていることが想像できます。

あなたは今、〝この子はどうして、こんなに私から離れられないんだろう。このまま抱いてばかりいたのでは、何にも手がつかず、主人の食事も簡単モードで、苦い顔をされてしまう〟という重苦しい思いから生じる悪循環にとらわれているようです。ここはどのようにしてこの弱音を断ち切っていくかということで、考えてみましょう。

＊赤ちゃんの心の内

この時期の赤ちゃんは「快―不快の原則」で単純に反応しています。気持ちがよく満腹であれば、静かに安心の赤ちゃん顔になり、何かむずかる原因があれば泣いて訴えるという、きわめて動物的な時期であると言えます。

赤ちゃんは、身近にいる母親の存在と、その心の状態に、大きく影響されるものです。特に心の面で言えば、現状では、どうも母親であるあなた自身の不安が、赤ちゃんにうつってしまっているように思えます。赤ちゃんと二人だけの時間を恐れてはいませんか。早く離乳して自分の時間をもちたいと、逃げてはいませんか。赤ちゃんはあなたの心の姿勢に反応しているように思えます。

赤ちゃんの存在に、そして気持ちに寄り添って、ゆっくりとふれあいを楽しみ、遊びながら対処してはいかがでしょうか。とにかく、お母さんが赤ちゃんと楽しむという心の姿勢をつくりたいものです。

＊ご主人の理解と協力を

そのためには、ご主人の理解と協力を得ることがきわめて大切です。

ご主人に今の母子関係に直接的にかかわっていただくということもありましょうが、ご主人には、あなたが安心して赤ちゃんの心に寄り添っていけるように、側面的な協力をいただくことを考えてはどうでしょう。ご主人が、赤ちゃんに対するあなたの苦心や努力を理解して〝何とか援助をしよう〟と考えてくれていれば、あなた自身が安心でしょうし、ご主人も少々疲れていたとしても、赤ちゃんに対する接し方が変わってくるだろうと考えるからです。

今の赤ちゃんにとっては、母親であるあなたが唯一の「いのち綱」であり、誰もあなたに代われる人はいないのに、あなたがご主人にまで気をつかっている状態では、うまくいくものではありません。ご主人に上手に甘えてもよいのではありませんか。赤ちゃんは夫婦の愛の結晶なのです。夫婦で協力し合ってこそ、安心して子供を育てることができるというものです。

＊親の愛情が赤ちゃんの栄養に

もちろん、子育てはいつもうまくいくわけではありませんから、時には失敗することもあるでしょう。それでも、この時期に母親の愛情をしっかりともらった子供は、そのうちに母親から少しずつ乳離れしていくのです。たとえうまくいかないことがあったとしても、決して赤ちゃんや自分自身を責めたりいじめたりするような「反省」はしないことです。

お子さんはもう首も据わっている時期でしょうから、おんぶしながらでもあなた自身のしたいことは済ますようにして、あなたが安心していられる状況をつくるよう、工夫してください。とにかく、お母さんの精神的な安定を保つことが第一です。赤ちゃんと接しながら、赤ちゃんがどんな時に安心し、満足した状態でいるのか、観察してください。お母さんの温かい笑顔にむずかる赤ちゃんなどいないのですから。

時にはむずかる赤ちゃんが何を求めているのか、すぐには分からない場合もあるでしょう。しかし弱気にならないで、子供のむずかりの原因を探って試行錯誤しながら、子供を授かったことへの感謝、慈しみの心を奮い起こし、明るく寄り添ってください。そうした中に赤ちゃんのかわいい笑顔に接すると、いっぺんに辛さは吹き飛んで、〝子供と気持ちが通じ合った〟という喜びに満たされるでしょう。

乳幼児に最も必要なことは、親や周囲から愛されているという信頼感を育むことです。「愛されている」「存在することを喜んでもらっている」という感覚が、赤ちゃんに伝わることが大切です。そのことをしっかりと自覚して、母親であるあなた自身が元気に、明るい気分で、喜んで赤ちゃんに接するように心がけてください。赤ちゃんは親の元気を栄養として、成長していくのですから。

落ち着いて、ゆっくりとした気持ちで
子育てを楽しみましょう。

Q5

社会人五年目、実家を出て自立したい
――親の理解を得るには

就職して五年。夜遅くなるなど仕事は大変ですが、その分、やりがいもあり、充実しています。現在は実家から通っていますが、勤務先に近いところに引っ越したいと思っています。

ところが、親は「食生活が乱れる」「自分の部屋の整理もろくにできないのに」などと理由をつけて、一人暮らしを許しません。私としてはこれを機に自立したいのですが、どうしたらよいでしょうか。

（二十六歳・男性）

＊「自立＝家を出る」とは限らない

二十代の真っ盛りで、やりがいのある仕事に就けていることは、何と言ってもありがたいことですね。〝もう少し仕事に集中したい〟という思いからでしょうか。五年ほどは親元から勤務先に通ったものの、一度、自立を図りたいとお考えになるのも理解できます。

しかし、現実には「親がいろいろ理由をつけて、一人暮らしを許してくれない」とのこと。親のほうにも問題はあるのかもしれませんが、ここはあなた自身の生き方の問題として考えてみることにしましょう。

あなたは健康に育ってきておられるようですから、今までにも何度か、親元を離れて自立しようと試みてこられたのではないかと思われます。一般的には、二十代くらいになると一度は家を出て、自立することを考える人が多いだろうと思います。「かわいい子には旅をさせよ」と言いますように、一人の大人として自立するということは当然の課題です。しかし、もしあなたが「自立するためには家を出なくては」と短絡的に考えているとすれば、その考えは少し幼なすぎると申し上げねばなりません。

そのことを理解したうえで、〝それでも家を出て、自立をしたい。どのようにすれば親にも納得してもらえるのか〟と考えておられるのであれば、ここからは「あなたがどのように自分のことを考え、どのように行動できるようになれば、親に安心してもらえるか」ということになります。

＊親が安心するのは

ご質問の内容からは、あなたの家族構成やきょうだいなどのことは分かりませんので、ご両親がどのような理由からあなたが家を出て行くことに反対されているのか、詳しくは分かりかねます。ですから、ここでは「親が過保護、あるいは過干渉である」という可能性については、検討しないことにします。そのうえで、ご両親は何ゆえに心配されているのかを考えてみたいと思います。

ご両親は日ごろのあなたの食生活や生活態度について、細かく心配をしておられるようです。それは、あなたが今、けじめのある生活ができていないことに原因があるように見受けられます。もし心配の理由がそれだけだとすれば、それほど難しい問題ではないと思われます。

ここはもう少し、あなた自身の将来を見通して、冷静に「自分の家づくり、家庭づくり」について考え、「真の大人として自分自身の責任を果たし、自立していく」という観点から、自分の生活態度を改善し、ご両親の信頼を獲得することについて考えてみる必要がありそうです。

最終的にご両親が安心をされるのは、あなたが親の考えを理解し、親を超えていくような健全な自立を果たし、しっかりと社会人としての責任を果たしている姿を見せることでしょう。そして親の心を思いやりつつ、あなた自身も安心と喜びを持って歩むことだと思います。

どれほど社会で立派な役割を果たしているように見えても、自分の自立という名目で自由気ままに生活し、いちばんの味方であり、大切にすべきはずのご両親に安心を与えることができなくては、おそらく、あなた自身の心にも、また人生にも充実した喜びは得られないことになります。

＊「真に自立した大人」になるための第一歩

とすると、ご両親はあなたの生半可(なまはんか)な心を強くするために、あえてあなたの考えの甘いところを指摘して異を唱えられているのではないか、と考えることもできそうです。

ここはひとつ、「親が言うことを聞いてくれない」などと弱音を吐いているのではなく、また、強引・性急に自分の希望を実現させようとするのでもなく、まずは「十分に自分の足元を整えてから、親にあらためて相談しよう」と、あなた自身の心を定めることです。そのうえで、例えば半年後、一年後の本当の自立をめざして思いをめぐらし、時を待つことが大切ではないでしょうか。

それまでの期間は、自分の生活を律するとともに、あなたがどのようなことを考えて仕事をしており、将来はどのような家庭をつくろうとしているのかについて、ご両親が安心してくれるように心を尽くして話をするための準備期間と考えてはどうでしょうか。

今回の機会は、身近な小さな問題と考えるのではなく、あなたがこれからの人生において遭遇するであろう数々の試練をどのように乗り越えていくかの大切な試金石であると考えて、賢明に、そして冷静に取り組んでください。成功を祈ります。

親の心の内を察し、
親の安心を第一に、自分の考えや態度を整えましょう。

Q6

動作に落ち着きがない四歳の息子

——母親である自分のトラウマの影響？

四歳の男の子の母親です。赤ん坊のころはごく普通でしたが、言葉を発する前後から行動に落ち着きがなくなってきました。近所の同い年の子は、歩くのも物をつかんだり投げたりするのもしっかり、ゆったりしているのに、息子は動作がせかせかしています。

私は小さいころ、親からいつも「早くしなさい」と叱られていた記憶があり、そのトラウマが影響しているのだろうかと思うこともあります。このまま放っておいてもよいでしょうか。

（二十代・主婦）

＊一喜一憂の子育て

おそらく初めてのお子さんで、一つ一つのふるまいが気になるのでしょうね。「放っておいてよい」と申し上げるわけではありませんが、あなたは普段から子供の言葉づかいや態度・ふるまいに気をつけ、異状を感じたら子供に対する自分の接し方を反省するという姿勢でいらっしゃるようですから、それほど深刻になる必要はないと思われます。

とはいえ、子育ては重労働であり、親としてはすべてが初めての体験です。近所の子供たちと比較して、歩き始めるのが遅いとか、言葉が遅れているとか、なかなかオムツがとれないなどと、毎日が一喜一憂で、心穏やかに過ごせないというのも、よく分かります。一度、深呼吸をしてみましょう。

＊子供の生きる力を信頼して

ところで、四歳のころの幼児の発達課題を考えてみると、食事・排泄・睡眠などの基本的な生活習慣・態度を身につけ、言葉を習得しながら、自律心・自発心を育んでいくことにあります。その基本は、親子の間のスキンシップに裏づけられた信頼関係にあります。子供が小さいうちは特に、行動に多少の違和感があったとしても、親が温かく受けとめて動じずにいれば、必ず親の胸元に戻ってくるものです。

それを〝子供の行動に少し落ち着きがないから、すぐに何とかしなければ〟と必要以上に心配し、その原因を探ろうとするあまり、後悔をして、不安な気持ちのままで子供と接するのでは、かえって子供にも不安を与えてしまう場合が多いのです。子供の生きる力をまずは信じましょう。そして安心と満足感を与えましょう。子供の態度を見て、元気があるかないか、心が安定しているかどうか、危険なことにかかわっていないかどうかをゆっくり見守りましょう。

＊冷静に見守ること

今回のようなお子さんの場合、誰かを意識してせかせかしているのか、それとも、この子はエネルギッシュで次から次へと興味の対象が移るために落ち着きがないのかなどと、まずは子供の行動をいろいろな角度から眺めることに徹してみましょう。その行動に対して、いちいち「よい」「悪い」などと評価することは避けて、子供の思いやその力が何に向かっているのかを、冷静に見守ることを心がけてください。親自身がせかせかとして落ち着いていない場合もあります。どっしり構えてください。

単純に「この子は落ち着きのない子だ」と決めつけて、それを何とかしなくてはと考えるのは性急で、親も子供も安定を失ってしまいます。さらに、子供の思いを押さえつけ、無理に矯正しようとして余分な口出しをしてしまっては、甘えや依存心が強く、自律心のない子に育ってしまうことにもなりかねません。

＊親自身の「心の安定」

また、あなたは〝自分が小さいころに親から急かされて嫌な思いをしたことがトラウマになっていて、無意識のうちに子供に対しても同じことをしているのではないか〟と心配されているご様子です。その可能性がないとは言いきれませんが、あなた自身がそのことを自覚しておられるようですから、今はそのことを過剰に意識する必要はないでしょう。

子供の成長過程は一様ではありません。その子の持ち味を大切に、温かく、粘り強く見守りつつ、内なるエネルギーが健全に発揮できるよう、気になる態度は少しずつ改まっていくように促してあげてください。子育てとは、親も子供と一緒に成長するものです。

まずは、親が精神的に安定していることが基本です。そうなれば、子供の心も落ち着いてきます。子供を愛情と信頼の心で包み、見守り、育てるということは、他人事ではなく、親であるあなた自身が自分を信じて心を安定させることで、はじめて可能となるのです。

そのためには、子育てセミナーやサークルにもアンテナを張ってみてください。不安な気持ちをあなた一人で抱え込まず、時には周囲の方々と心の内を語り合ったり、支援を求めたりすることも考えてはいかがでしょうか。あなたの身近にもきっと、同じように子育てで悩んだ経験のある方など、頼りになる〝先輩〟がいらっしゃることと思います。

そのうえで、あなた自身が心を強くもって、自分を信じ、子供を信じて見守っていかれるとよいでしょう。こちらが落ち着くと、子供は本当に変わってきます。

決して慌てることはありません。

急いで何とかしようと思わないで。
ゆったりとした心で子供を見守りながら、
時には周囲に支援を求めましょう。

Q7

飽きっぽく、何をやっても長続きしない

——自分の性格を直したい

私は四人兄姉の末っ子で何不自由なく育ったせいか、性格が飽きっぽく、何をしても長続きしません。

資格認定の必要な職種の試験をいくつか受けましたが、どれも合格しませんでした。就職してからも仕事を転々と変え、現在、ある会社で見習いとして働いていますが、「最終チェックが甘い」と先輩からよく指摘されます。何が足りないのでしょうか。

(三十歳・男性)

＊豊かな時代の弊害

何不自由なく育ったことで、「物事を切実に求める心」が弱く、粘り強く人生を切り開いていく気力に乏しい自分を、腑甲斐なく思っておられるご様子。しかし、今の状態から申し上げられることは、「多くを望まず、下積みに徹していくところから、自分の人生に活路を開くことができるかどうかにかかっている」ということです。

昭和二十年の日本国の敗戦から四半世紀がたち、経済的復興を遂げたわが国の豊かな社会環境で育った〝純戦後世代〟が成長したころから、「青年のモラトリアム（社会的責任の執行を猶予する）化」という現象が見られるようになりました。「経済的に満ち足りた生育環境の中で、必死に自己の衣食住の欲求を満たす苦労を体験することなく成長したために、ひ弱で目標を喪失した〝指示待ち人間〟が激増した」というわけです。その意味では、あなたも現代という飽食の時代の被害者であると言えましょう。

とはいえ、このような時代でも、たくましく生きている青年はいるものです。

自分の能力を早くから自覚して、足りないところを懸命に補い、自己実現に向けて努力をしてきた人もたくさんいます。そんな青年が日本国中にいて、将来の日本を支えていこうとしているのも事実です。

＊志は「感謝と恩返し」の思いがあってこそ

失礼ですが、あなたは〃何をしても長続きしないが、資格を取れば仕事は何とかなるだろう〃と思って努力されたようですが、その結果は不合格。あなたが今、自分自身の生き方に物足りなさを感じて、〃もっと強く、明確な目標に向かって生きたい〃と考えておられることは、それなりに理解できます。しかし相当の覚悟をしない限り、時期を逸し、生きがいを感じることができるような人生をつくるのは難しいと言えましょう。

「何のために生きているのか」という基本的な目標も持たず、ただ自分の欲求に任せ、したいように生きている人生からは、情熱も忍耐力も湧いてくるはずがありません。「人生の目標を定める」とか、「志を持って生きる」というのも、実は「家庭」や「地域社会」や「国家」といった具体的な生活領域で自分自身を育て、支えている存在に対して恩返しをするという思いと、「将来、家庭や地域社会や国家が担っているはたらきを維持・継承するために、自分も貢献していこう」という報恩と奉仕の精神の発露と言ってよいと考えます。

したがって、あなたが「何が足りないのか」と言われるのであえて申し上げるのですが、それは「自分のいのちを育んでくれた親や社会や国家、さらには大自然に対する感謝・報恩の思いが足りないのであろう」ということになります。

＊「今、この場所で生きること」に喜びを見いだす

今日の社会では、あなたのように、いまだよき人やよき仕事に出会う機会に恵まれず、悩んでいる人がたくさんおられます。

〝自分の足りないところを何とかしたい〟というあなたの気持ちも分かりますが、まずは自分が現在いただいている「出会い」と「ご縁」を大切にすることから始めてみてはいかがでしょうか。そして平凡に生きることを甘く見ず、「今、

自分のいる場所」で、絶えず前向きに、足元を固めることを心がけることが大切です。

今のあなたは、幸いにして縁のある職場にいることですから、その場所で、自分の足りなさを叱責(しっせき)されることがあっても、感謝の心を忘れずに生きてほしいのです。若い時に苦労をして、「何としても他人のために役立ちたい」という真摯(しんし)な生き方を学んでおかなければ、世の中がいかに物質的に繁栄しようとも、あなた自身の人生は空虚なものになってしまうでしょう。

「どこで何をするか」が重要なのではありません。どのような形であっても「他人の安心と満足に役立てるよう、自分を成長させること」が、人間のいちばんの喜びです。この点をよく理解され、短気を起こさず、落ち込まず、すぐに人に認められようとせずに、小さなことを十年、二十年と粘り強く努力を続ける気持ちで、一日一日を過ごされることをお勧めします。

あなたが悩みを克服する道は、あなた自身の中にあります。あなたが真摯に努力していれば、きっと周りの人も力を貸してくれるでしょう。実際の社会生活の中で「叱られたり、失敗したりする現実から逃げない自分」を生きる以外、道はないと覚悟してください。そうすれば、きっとあなたの考え方や習慣はおのずと変わり、あなたらしい人生が開けるでしょう。

現状から逃げないで。
自分の今いる場所で、徹していきましょう。

Q8

好き嫌いが激しく、感情的になりやすい

――穏やかな人間関係をつくるには

私は人に対する好き嫌いが激しく、自分と合わない人には話もしたくないほどです。また、感情的になりやすく、後先を考えずにものを言ってしまったり、きつい言葉づかいになったりして、人間関係でよく失敗します。生きていくうえで、大きな損をしているように思います。

どうしたら、穏やかに話ができ、どんな人とも、うまく付き合えるようになるでしょうか。

（四十代・女性）

＊誰もが〝変われるものなら変わりたい〟と思っている

自分の好き嫌いの感情をコントロールできず、気に添わないと、誰彼となく怒りをぶつけてしまうという嫌な性格を、自分でも何とかしたいと思っておられるとのこと。これはあなたの人格、ひいては「人生の喜び」にもかかわる問題であるだけに、何とかしたいですね。

たいていの人は、あなたと同じように〝変えられるものなら、自分の性格や言動を変えて、快適に自己表現ができるようになったらよいのに〟と考えています。しかし現実には、「そうなるように具体的に努力している」というわけではなく、ただ何となく、どうしたらよいのだろうかと考えているだけであることが多いようです。

また、私たちの心の中には、表面的には変わりたいと思っているようでも、根っこのところで「私は変わりたくない」「私にはできない」「変わったらどうなるか分からないから恐ろしい」など、自分を変えたくないという強いメッセージがはたらいていることが多いようです。一方、「自分を変える」ということに成功している人たちは、自分の欠点や失敗に気づいた時、自分を責めて萎縮するのではなく、自分の考え方のパターンを冷静に、感情に振り回されることなく素直に見つめながら、自分の気持ちが強く明るくなるように努力しているのです。

＊反省する素直さ、改善する勇気と忍耐力が肝要

一般に私たちは「嘘をつくな、人を裁くな、謗るな、怒るな、ケチるな、悪口を言うな、邪な心を使うな」などと教えられますが、それは見方を変えれば、「そのような心づかいや行いは、相手に危害を加えるばかりでなく、自分自身を傷つけ、自分の心を曇らせ、自分が嫌いになることにつながるから避けよ」ということだと思われます。私たち人間の感覚は非常に精巧にできていて、自分の精神作用（心づかい）と行為（行い）のよしあしは、本来、自分自身で感じとることができるようにつくられているようです。

したがって、昔から日本人は心の曇りを美しくする行を禊と称し、生活の節目節目に自分の心を磨くことを大切にしてきました。私も昭憲皇太后様の「みがか

ずば玉もかがみもなにかせん　学びの道もかくこそありけれ」という御歌をモデルに、私なりに感性に磨きをかけ、感情を美しく快く表現できるよう努めてきたつもりですし、その道に終わりはないと思っています。

たいていの人は、自分のやるべきことが分かっていても、それを徹底できないところに問題があると言えましょう。あなたは人間関係にまつわる数々の失敗を体験されており、今、これをどうにかしたいと思っておられるということですから、後は賢明に冷静に、理性と感性を総動員してみずから反省し、改善しようとする「意志」と「勇気」と「継続力」があるかどうかです。

＊長所も短所も含めて、すべてを受け容れる

自分だけを正当化して、「自分と合わない人を許せない」「自分の思うように世界が回らないことに怒りを感じてしまう」というのは、健全な人間理解・自分理解ができていないということで、それは、これまで幼稚でわがまま、高慢な自分の考え方や態度を放任してきたということです。

このままでは自分で自分の人格に傷をつけ、ひいては自分の人生を台無しにしてしまいます。これを機に、「これは私の性格だから、もう変えられない」と考えてしまうのではなく、真剣にこの思考パターンを変えることに挑戦して、心から自分のことが好きになれるように努力してください。

自分を好きになるということは、考え方を変えればすぐにできるというものではありません。ましてや自分のよいところばかりを好きになるということでもありません。自分のよいところや悪いところを知り、成功や失敗を何度も経験しながら、「それでもなお、より正しい考え方ができるよう、より美しい心になれるよう努力している自分を好きになる」ということです。自分の長所も短所も含めて、すべてを素直に受け容れるところから、本当の自分を慈しむことができるようになるのです。また、そうなれば、他人のことも批評したり裁いたりすることなく、あるがままに受け容れることができるようになるはずです。

このように、自分の弱さ、人間の弱さを正しく受けとめることから、「自分や他人の欠点に対して怒りを覚えることなく、どこでも、どんな人からも学ぼう」

という謙虚な態度が身についていきます。「穏やかな人間関係づくり」は、そうしたプロセスを通じて実現していく自分づくりの旅でもあります。諦（あきら）めることなく、素直で美しい自分づくりに挑戦してください。

負の感情は、自分も他人も傷つけるもの。
まずは自分を好きになれるように努めましょう。

【生き方を考える①】心を語れる人を持とう

●意見を言えなかった青春時代

「自分は青春時代から明るかった」という人は、それほどいないのではないかと思います。

私の場合、天真爛漫（てんしんらんまん）な明るい性格の陰で、いつも何かにおびえ、自分に自信がなかったことを思い出します。周りの大人たちは自信に満ちているように見えて、自分だけがいつまでも子供のように感じられ、追いつこうにも追いつけない不安と、将来への不透明感にさいなまれていました。

特に十代後半から二十代の中ごろまでは、引っ込み思案で気の弱い、消極的な青年であったように思えます。運動にも勉強にも熱心に取り組んでいましたので、外見上は明るい真面目な青年に見えていたかもしれません。しかし、世事に疎（うと）く、「学んでいる学問」と「現実社会の問題」とが自分の中でつながらず、進路をどのように考えたらよいかと悩みましたが、答えは見つかりませんでした。友だちとの気楽な談笑の中でも自分の意見が言えず、たいていはおろおろとし、雄弁な親友の意見に同調するだけ。分からないことにも分かったような返事をし、同意できなくても積極的に反論できない。そんな自分が嫌いでした。〝いつか自分なりの考えをもち、人と対等に語れる自分になりたい〟と、自分探しをしていたように思います。

●苦悶の中での師との出会い

しかし、そんな私にも決断の時が訪れました。二十五歳。大学・大学院を経て企業に就職した私は、現実社会での責任の重圧に耐えられず、〝このままでは精神障害に陥るのではないか〟と思う状態にまで追い詰められて、「時代に流されて歩んできた理系の人生」に別れを告げる時を迎えたのでした。

もし当時、周囲の人に心の内を相談できていれば、また違った人生になっていたかもしれません。しかし結局、一人で苦悩の末、一年勤めた会社を辞める決断をしました。大学院でお世話になった恩師に対しても恩知らずな形となり、両親の期待をも裏切って、八方に迷惑をかけ、無一文から再出発することになりました。

この時に出会えたのが生涯の師であり、「品性（人間性）を完成することが人生の目標である」という教えでした。人類の教師と言われるイエス・ソクラテス・釈迦・孔子たちが示した「最高の慈悲心」を体得することが人生最高の目標という教えでしたから、私は生涯をかけて学ぼうと、無心に取り組み始めました。それまでの自然科学に代えて、意を決して再度大学院で宗教学と哲学を学び、さらには心理学にも関心をもち、〝これからは自分の心（本音）に嘘はつかない。自分の人格に傷をつけるようなことはしない〟という覚悟で学び始めました。

●ゼロからの出発と周囲の支援

人間というものは、それまで積み上げてきたものがゼロになっても、本音に従って生きようと決意すると、強いものです。開き直ったかのように〝自分で何とかする以外に道はない〟と考え、とにかく前だけを見て歩きました。

私の本音を知らない周りの人々は、突然の転身が不可解だったことと思います。自分の本当にやりたいこと、やれること、社会に役立てること、親にも納得してもらえること……それは何かと何度も何度も反芻（はんすう）し、自分の道を定めることの大変さを味わいました。もちろん一人で悩まず、もっと早くから相談する相手を持っていれば、親にも社会にもこんなに迷惑をかけることにならなかっただろうと、今では思います。

しかし、時間はかかったものの、自分のやりたい道にたどり着くことができたことは本当に幸せでした。それに、一度肚が据わると〝これまで学んできた学問もいつかは役に立つだろう〟と、強気になることができました。今顧みますと、違えることなく正しい道に乗り得たのは、すべて両親たちの恩恵を受けてのことであったと思えます。両親や家族は何の小言も言わず、私の生活を見守り、物心両面で支援してくれて、今日に至っています。

●素直に自分を語れる人を持とう

このようなことを記しましたのは、自分の反省の意味もあります。しかしそれとともに、戦後教育の中で絶えず教えられてきた自由・平等という概念を無条件に信じることにはきわめて危険が多く、日本の伝統文化を否定する考えに同調しやすい日本人が育ちかねないということを言いたかったからです。

一般的に見ても、十代・二十代では、特に自由・平等を求める傾向が強いでしょう。しかし「何でも自分で決めてよい」と言われても、実際に「自分の力だけで決められること」は、きわめてわずかです。特に、周囲にも理解されるような道を自分で切り開くことは至難中の至難で、どんな危険な誘いが待っているか分かりません。世の中には、私よりはるかに辛い体験を背負っている人もいるでしょう。

今、私が相談を受ける青年たちの悩みも、実は「周りの人に安心してもらえる道を探しての苦悩」です。それも自分の本当の気持ちを語れる場や、本音を聴いてくれる親や先輩や師が見つからずに、悩む青年が多いのです。こうして悩んでいる時、情報が心を満たしてくれるわけではありません。時間は埋めてくれるかもしれませんが、心を満たすものは「他人との心の交わり」しかないのです。

子供が心を閉ざしている時や、友人が悩んでいる時は、見守る人が必要です。特に親子で互いを尊重した対話ができ、失敗をも受け容れてくれる温かい家庭があれば……というのが私の実感です。その「語り合える家庭」は、まだ日本には十分に育っていないようです。

素直に自分の弱さを語るには、人間の弱さを知っている大人がそばにいてくれることが必要です。そんな人間の弱さに耳を傾け、心を開いて待っていられる人間になりたいものです。

第2章

支え合い、助け合う

Q9

取引先の落ち度を追及し、注意を受ける
――悪いのは私でしょうか？

小さい時から物事をはっきりさせないと気が済まない性格です。社会人になって二年目ですが、最近、仕事上で立て続けに取引先とのトラブルが起きました。その都度、私が取引先の落ち度を指摘し、説明を求めてきましたが、ぎくしゃくした関係になってしまいました。上司や同僚からは少し自重するよう注意を受けましたが、自社のミスでも私のミスでもないのに、なぜこちらが悪いと言われるのか、納得がいきません。

（二十代・男性）

＊正義感だけでは不十分

物事をはっきりさせないと気が済まない性格であるということですが、あなたは今日まで、自己決定ができる環境の中で、自分の意志を通し、どちらかと言うと自信をもって生きてこられたように思われます。

昨今の若者世代は、主体性や自己責任の自覚が希薄で、経済的に豊かであるという点も手伝って、比較的わがままであるわりには、ひ弱に育った人が多いように言われますが、あなたは違うようです。自分の考えをしっかりもっておられ、自己判断・自己主張ができるということは、社会人として大切な資質の一つですから、大切にしたいですね。

しかし一方で、自己主張が行きすぎて、相手の立場や考え、思いを聴いたり受け容れたりすることができず、取引先などの相手を過度に追い込んで、不快な思いを与えてしまっているとすれば、それもわがままの延長で、「真の社会人」としては未熟であると言わなければなりません。上司から「自重せよ」と言われても、仕方のないことでしょう。まだまだ人生はこれからですから、改善できるとよいですね。

人間は一人ひとり、違った知性や個性や感性をもっています。その人がいかに努力をしたかにかかわらず、誤解を受けたり失敗をしたりすることはあるものです。また、いかに善意から行った行動でも、他の人から反発を受けることはあります。そうした時に「どちらが正しいか、間違っているか」といった正義感だけで判断している間は、〝自分はいつも正しい〟〝正しいことをして何が悪い〟という、対決的な考えしか生まれてきませんし、相手の立場は視野に入ってきません。それでは結局、自分中心の利己主義と変わらないことになりますから、「成熟した大人」とは言えないでしょう。

＊人間は過ちをおかすものである

あなたはこれまで、自社のために最善を尽くし、自分で間違いを起こさないように、また、会社にも迷惑をかけないようにと知恵を絞り、責任感をもって仕事を進めてこられたことと思います。しかし相手の方も、あなたから見れば不十分かもしれませんが、精いっぱいの努力をして仕事に取り組んでおられるのです。

また、あなたと取引先の担当者との間で行われている仕事は、当事者であるあなた方だけの個人的関係で成り立っているものではありません。それぞれに多くの先輩や仲間とのかかわりの中で、助けられ、支えられて仕事ができているのです。一つのことが、他のことにも影響してくるのが現実です。

どのような人にとっても、自分の落ち度を露骨に指摘され、非難・攻撃され、反省を迫られ、恥をさらされることほど、辛いことはありません。

オーストリアの精神科医、V・フランクル博士は、人間が日常において体験する厳しく・辛く・悲しい局面でのその人のふるまい方は、その人の人間としての価値を表すものであるとして、「態度価値」を提唱しました。私たちが相手や自己の過失に遭遇した時の対処の仕方に、その人の人間性、その人の人間としての真価が顕（あらわ）になってくるというのです。

決して相手の非を黙認してよいわけではありませんが、人間は過ちをおかすもの、失敗するものであることを認めて、人を責めず、事態を善処し、そして互いに補完し合える人間関係を築いていこうと努める時、その人の人間性はおのずと磨かれていくと言えましょう。

＊邪を破らず、誠意をもって対処する

相手の非を責める（邪を破る）だけでは、自分の人間的成長の機会を逸することになります。邪を破らず、誠意をもって問題に対処するあなたの姿勢は、あなた自身を成長させるだけでなく、自身と自社の信用・信頼を獲得することにもつながるでしょう。ですから、ここはしばし、冷静に自分を振り返ってみられることをお勧めします。

「どのように対処するのが正しいか」の判断ができるということは、どこに誤りがあるかの判断ができ、かつその誤りを正し、失敗を回避する方法がどこにあるかの判断もできるということです。あなたが今、そうした高度な判断が求められる状況に直面しているということは、会社の上司もあなたの成長のために、あえて苦言を述べてくれていると考えてはどうでしょうか。「困難な事態をいかに

学びの機会として受けとめ、改善を図ることができるか」という、一段上の総合的な能力を鍛えられているとも言えます。
あなたがこの試練を乗り越え、大きな心で人を受け容れることができるように成長されることを祈っています。

「人間的成長のチャンス」ととらえ、
相手を責めず、事態を善処し、
互いに補完し合える人間関係を築きましょう。

Q10

早朝から騒がしい隣人
——生活習慣の違いに戸惑う

わが家の隣のご夫妻は、高齢ながら、とても元気です。ところが、毎朝六時前から起き出して、屋外の水道の蛇口を勢いよくひねって放水したり、ごみ出しの準備をしたり、箒（ほうき）で歩道を掃いたりといった具合で、そのたびに私たちはよく眠れません。しかも土・日になるとさらに早起きです。

私たち夫婦は共働きで、夜はどうしても遅くなります。せめて休日の朝ぐらいはゆっくり寝ていたいのですが、ストレスはたまるばかりです。よいアドバイスをお願いします。

（三十代・男性）

＊誰もが周囲の世話になり、迷惑をかけて生きている

隣の高齢者ご夫妻が早起きして掃除をする物音にお困りとのこと。当のご夫妻にとっては、そうした生活習慣も日々の生きがいの一つになっているのでしょうね。あなたが「早朝は静かにしてほしい」と言いたいところを、相手の気持ちを気づかって本心が言えず、ストレスがたまるほど辛抱されている様子が伝わってきます。

今回のような身近な事例から、私たちは当たり前に生活していても、意図しないところで互いに迷惑をかけたり、かけられたりすることがあるということに気づきます。「行うことはすべて正しく、完全・完璧で、誰のお世話にもならず、誰にも迷惑をかけたり犠牲を払わせたりしないで生きていける人」など、一人としていないということです。

ところが、「世の中は相互依存・相互扶助で成り立つものである」ということは分かっていても、実際に自分が他人から危害を加えられたりしてストレスを感じる事態に直面した時、私たちはまず、当然のごとく自分の都合を優先し、他人

に対して〝何とかしてほしい〟と考えます。あなたの場合も〝隣人と対決はしたくないが、何とか改めてもらいたい。穏便に解決できる方法はないものか〟と考え、悩んでいらっしゃるのでしょう。

＊「許す心」がゆとりを生む

住宅事情の影響もあるのでしょうが、さまざまなご近所トラブルの例を耳にすると、近年の自己主張の氾濫（はんらん）は目に余るものがあると感じることがあります。このままでは、ますます社会生活から潤い（うるお）が失われていくことになるのではないでしょうか。

日本の人口密度の高い生活状況では、昔から、隣近所などでご縁のある人のことを大切に考え、譲り合うというよき生活習慣があったように思われます。しかし、生活時間が忙しく合理的になった今日では、〝社会の進歩・便利さに乗り遅れてはならない〟という緊張感が、私たちの心から「ゆとりの心・待つ心・見守る心」を奪っているようです。

あなたの場合も、相手に「何とかしてくださいよ」と言いたくなる気持ちは分かるのですが、相手の老夫婦の生活に思いをはせてみてください。〝自分の親もあんなふうに生活しているのかな〟〝年を取ると、あのように朝早く起きたくなるのかな〟というように、少しゆとりをもって、相手を温かく見守ってみてはいかがでしょうか。まあいいか、と、ちょっと「許す心」をつかってみると、気分も変わるはずです。

あなた自身が心にゆとりをもって「許す心」になると、きっと落ち着いてゆっくり休めるようになるのではないか、とも思います。たとえ「隣のご夫妻が早朝から元気に活動される」という状況は変わらなかったとしても……。

＊今、共にここにいるご縁を大切に生きていきたい

現代社会はギスギスしています。物理的にも、空間的にも、時間的にもゆとりがないからでしょう。

今回のような問題では、〝自分のほうが被害者で、相手は加害者だ〟といった考えにとらわれてしまわないことが大切です。迷惑を感じることもあるでしょうが、あえて〝隣の老夫婦がいてくださって、助かっていることはないか〟とか、〝自分たちがご夫妻から学ぶことはないか〟というように考えながら、高齢者の「自然に即した時間感覚」を味わうことに心を添えてくだされば、高齢社会が潤いのあるものになっていくように思えるのですが……。

大切なことは、「人生は〝持ちつ持たれつ〟であり、よい面もあれば、辛抱しなければならないこともある。お互いに〝許し許されつつ〟今がある」という考え方です。

あなたもこうした視点に立って、まずは隣のご夫妻の「よき理解者」になれるように、日ごろから挨拶を交わしてみてください。そうした中で相手の気心に触れ、また、こちらの生活スタイルなどについても話せるような親しい関係をつくっていけば、譲り合い、許し合い、助け合い、思いやることのできる間柄、そして温かな近隣社会が実現していくように思われます。好意は好意を呼び、善意は善意を育むのです。

隣人との人間関係がますます疎遠になり、一人住まいも増えていく昨今の超高齢社会だからこそ、「他人とはいえ、世代の異なるお互いが、今、共にここにいるご縁」を大切に考え、学び合いながら生きていきたいものです。

世の中は〝持ちつ持たれつ〟です。
まずは冷静に、そして「許す心」で見守りましょう。

Q11

異動した先で「違い」に戸惑う
――職場の雰囲気を変えたい

長年在籍していた営業部門から管理部門へ異動して、半年がたちました。
以前の明るく活気に満ちた職場と違い、落ち着きはあるのですが、口をきくのもはばかられるような堅苦しく張り詰めた空気になじめません。また、就業時間が過ぎても皆がなかなか帰ろうとしない雰囲気にも閉口しています。上司の仕事の進め方や性格も気になりますが、機会をみて、上司に今の重い気持ちを話してもよいでしょうか。

（三十代・会社員・女性）

＊職場によって、役割は違う

営業部門から管理部門に異動されて、職場の雰囲気になじめず、戸惑いを感じておられる様子がよく伝わってきます。

異動して半年が過ぎているということですから、もうお分かりでしょうが、営業部門が会社の中の積極的な「前線攻撃隊」であるとすれば、管理部門は「後方支援隊」のようなものです。総務・人事・経理などの部署は、他の活動部門が安心して仕事を遂行できるように支援するところであり、どちらかと言えば目立ちません。地域の税務・行政部門、さらには法律・労務関係部門等とかかわりながら、会社全体の危機管理に絶えず配慮をしなくてはならない職場であると言えるでしょう。

今までの営業部門は、隠し事なく情報を交換し、共有し合い、仲間との協力の中で仕事を遂行する職場だったのでしょう。ところが管理部門では、どちらかと言えば、内外に公開できない機密情報を扱うことが多いために、「無駄口はたたかない」という雰囲気が充満しているのかもしれません。

したがって、まずあなた自身が職場の特質を十分に認識し、仲間との絆を育みながら仕事に臨むことができるように、あなた自身の考え方を変えていかれることが大切だと言えましょう。

＊思い上がりは禁物

あなたが気にされている「職場の雰囲気が暗く、口をきくのもはばかられる」とか、「時間が来てもなかなか帰ろうとしない」ということも、職場全体として望ましいものとは感じられないところもありそうです。しかし、実はその背後に「会社の幹部や上司の動き、さらには最前線の営業・製造に至る全社員の動きに配慮（危機管理を含めた最終確認）するために、待機している」といった事情もあるのではないか、とは考えられないでしょうか。

職場の雰囲気をよくしたいという、あなたの積極的な気持ちは大切で、よく理解できますが、職場の上司や仲間がどのようなことに心を配りながら仕事をしているのかという点に配慮することなく、不平不満の気持ちで仕事をし、「これは変えたほうがよい」と訴えようとしているとすれば、本来のあなたの素直な気持ちが受け容れられず、かえって誤解されることになるでしょう。

職場で仕事をするに当たっては、よき人間関係の中で、互いに助け合い、一人ひとりが役割を担い、分業することが大切です。そこに仲間との「つながり」を実感できれば、喜びも増大するはずです。

今のままではあなたが成長しないばかりか、仕事の志気にもよくない結果を招いてしまうでしょう。ここは「今の職場の皆から学ぶ」という気持ちを起こし、仲間の態度を尊重しつつ、皆の粘り強い、表に現れるわけではない地道な仕事ぶりの中から、輝くものを発見されることを期待します。「皆から学ぶ」という姿勢が本当にあなたの心に定着した時、批判的にではなく、共感的に自分の気持ちを上司に語ることができるようになるでしょう。

「職場の雰囲気を変えたい」というのは、とても威勢のよいことですが、一方では、あなたの思い上がりの気持ちが含まれているように思えます。人間は思い上がっている時は自分の態度が見えず、往々にして礼を失してしまっていることが多いものです。今の職場の長所であれ短所であれ、その特質を冷静に吟味するのに、半年程度の経験では足りないのではありませんか。ここはあなたの胆力（持ちこたえる力）が鍛えられる時です。もう少し広い心で仕事に取り組んでみてはいかがでしょうか。

＊社員として、どのような成長が望まれているか

また、会社にとって、よき人材が育ってくることは何よりの宝です。各職場の基本的な役割の一つは、よき人材を育てることにあると言ってもよいでしょう。

今、あなたは営業の現場から管理部門に異動されたわけですから、これを機に「会社は自分に対して、どのように育つことを期待しているのだろうか」ということを、あらためて考えてみてください。——私見ですが、「その明るい元気な発想力を維持しつつ、さらに会社全体のことを学んで、より明朗清新な職場環境をつくることに貢献してほしい」という期待がかけられているのではないか、と考えたりします。周囲の人たちと安心や満足を共有し、共に人間的にも成長して

いくことが実感できる会社をつくるために、工夫してください。
決して今の職場を批判的な心で語ることのないよう、「新しい自分づくり」に挑戦しつつ、会社の期待に応えられることを祈ります。きっと、皆がいろいろな形で社会に貢献していることに気づかれ、あなた自身の喜びも増えることでしょう。

批判的な気持ちで語るのでは誤解されます。まずは職場の皆から学ぶ姿勢で、絆を育んでください。

モンスターペアレント？　子供同士は仲がよいが

――身勝手な親と付き合うには

小学二年生の息子の授業参観に行って驚きました。授業中に後ろのほうで二人の保護者がおしゃべりに夢中で、周りのことが目に入らず、先生も困惑気味でした。その後も先生に無理な要求を押し付けるなど……。この学校にもついに「モンスターペアレント」が現れました。

実は、その親の子とわが子は仲がよいのです。今後どのように付き合ったらよいのでしょうか。

（三十代・主婦）

＊「相手を批判している自分」も五十歩百歩？

「自分の興味と関心に夢中になり、周りの人には遠慮しない身勝手な保護者が増えている」という話を多く聞くようになりました。

また、現在の日本人の生活からは「隣近所が助け合い、他人の足りないところは補い合う」という美徳も失われてきていると言われます。これは健全な家庭・学校・社会環境を整えるうえでも、放置できない問題です。

今回のような「モンスターペアレント」に限らず、日常生活でも「会いたくないような人と出会い、付き合わざるを得ない」といった状況はあるものです。ただ、そのような場面に遭遇すると、たいていの人は心の中では〝困ったな〟〝無理強いされたらどうしよう〟〝こんな人とは、できれば付き合わないで済ませたい〟という自己防衛的な感情を抱きつつも、相手と対話・対決することを避けて、従順にふるまってしまいます。

しかし、よく考えてみますと、自己主張・権利主張の激しい人も、〝こんな人とは付き合いたくない〟と思いながら従順にしている人も、どちらもカウンセリングの交流分析に基づくと「子供の心」（元気で自由奔放な心、従順な心）が優勢で、「大人の心」（感情をコントロールし、冷静に善悪を判断する心）が未成熟であるという意味で、五十歩百歩だと言えます。

＊身勝手も従順も「子供の心」

モンスターペアレントというのは、体は大人になっているにもかかわらず、「子供の心」に支配されている状態だと言われます。

上手に自分の気持ちを表現できればよいのですが、日本人は一般に、自分の感情をコントロールする能力が弱く、感情むき出しの表現（甘えの表現）をしてしまいます。先ほど申し上げた「子供の心」が肥大しており、「大人の心」が小さい（育っていない）のです。モンスターペアレントはその典型で、自分の気持ちや感情を子供のように爆発させる方法しか知らない、というわけです。

相手が聞くに堪えないような身勝手を言う時、私たちは普通、対決的に考えるか、従順を装う態度をとりますが、そうではなく、大人であれば「そっとその場を外し、相手にならない」という態度をとることもできれば、勇気を奮って、しかし対決的にではなく「自分の素直な意見」を述べることもできるはずです。相手の人格を否定することなく、身勝手な発言に対しても冷静に、そして徹底的に聴くという「毅然とした大人の態度」と、相手に恥をかかせないという「思いやりの態度」は、モンスターペアレントに対応する場合の最大の武器になります。

また、相手がそのような態度になってしまうのは、その人が自分の弱みを隠そうとしている場合も多いのではないでしょうか。……実は、その人は自分の弱みを自分では何ともできずに困っていて、それをうまく処理できずに強がりを言って、他人に無理を強いているだけなのだという、冷静な受けとめ方です。

要は、あなたが相手を〝嫌な人だ〟と思い、自分が被害者のような気持ちになれば、その瞬間から相手と同じ「子供の心」のレベルに陥り、相手のペースにはまり、健全な判断や行動がとれなくなってしまうのです。

＊勇気をもって「正義」の実現を

日本人は全体に、正義について考える習慣はあまりなく、情に流されすぎるところがあるように思われます。社会全体の共通認識として、「モラル（道徳）を実践するということは、正義を実現する行為である」という教育も、「正しいことを正しい態度で言う」という訓練もできていないようです。決して「対決や闘争をすることが正義である」などと言っているのではありません。正義を正しく実現していくためには、自分の正義を押し通すだけでなく、互いの正義（個人的正義）を超えたより広い正義を情理円満に、傷つけ合うことなく創造していく努力が必要なのです。

したがって、少し勇気のいることですが、相手を「身勝手」であるとか「嫌な人」と決めつけるのではなく、また、一方では他の同級生のお母さん等、仲間の協力を得ながら、相手に〝この人たちには、身勝手なことや理不尽な言葉・態度は通じない〟と感じさせると同時に、誠意を尽くした対応を心がけることが大切であるということになります。

また、仲がよいという子供たち同士のことですが、それはそのまま温かく見守っていかれるのがよいでしょう。親と子は別の人格であると理解して、子供に対しては公平に接していくことです。それがまた、相手方の親との信頼関係を改善していく糸口になることもありましょう。

仲間の協力を得つつ、
毅然とした態度と思いやりの心をもって接しましょう。

Q13

部下の仕事ぶりに、周囲から不満の声が
——指導の心がけは

部下のAさんは、自分では十分に職務をこなしていると思っていま
す。しかし、その仕事ぶりは、周りのスタッフからも、「もっと先輩
として、しっかりと働いてほしい」という不平不満が絶えず、人間関
係もギクシャクしています。
私は指導する立場にあり、何回も面談をしているのですが、むしろ
反感を持たれてしまいます。上司として、どのような心がけが必要で
しょうか。
（五十代・看護師）

＊「助け合う意識」がはたらかなくなると……

人それぞれに個性や能力の違いがあり、気づくところ、気になるところ、うまくできるところも、それぞれに異なるのが人間ですから、本当は人と比較して「どちらがどう」と言うことは難しいのですが、チームワークが要求される場面になると、どうしても問題やいさかいが発生します。私たち人間にとって、この種の問題は避けて通れないようです。

ところで、周囲のスタッフにとっては「先輩」に当たるAさんに対して、少しずつ批判の気持ちが強くなり、皆の見方も同じだということで、ついにはAさんが批判の対象になってしまった様子。上司であるあなたには、Aさんと周囲のスタッフ、どちらの気持ちも状態も分かるだけに、その分、ご苦心が多いことと思われます。

仕事がスムーズにいっている時は、人間関係もうまく回転し、皆の間に〝他人の足りないところを補い合い、助け合っていこう〟という意識がはたらくものです。ところが仕事が急を要したり、過大な業務をこなさなければならなくなったりして詰まってくると、〝あの人のせいで皆の仕事のリズムが乱されている〟という意識がはたらきます。そうなると、同じように日々の仕事をこなしていてもお互いの心の中は殺伐とし、不平不満が絶えず、人間関係もギクシャクしてきますから、皆の能力も人間性も発揮されなくなってしまいます。

＊「人を育てる」という職場の目的

現在のあなたの職場の雰囲気はどうでしょうか。皆が熱心に働いているようですが、仕事の成果や能率に気持ちが流れすぎていて、そこで働く仲間の和・信頼関係・思いやりといった感覚が希薄になっているようには思えませんか。

「先輩に不足のところがあるから、何とかしてほしい」という、Aさんの周囲の方々の意見は、一見正しいことを言っているのですが、他人に対して「義務を果たすべし」という、自分たちの思い（権利）の主張が目に付くように思えませんか。そこには「他人の弱みをカバーし、助け合っていこう」という思いやりの心が欠如しているように感じます。お互いの人間性がよりよく発揮される方向で考えてみてはいかがでしょうか。

職場とは、「仕事を通して社会や他の人に喜びと満足を与えつつ、自分の人間性をも高めていく」という場であると考えます。職場の雰囲気が成果主義に陥って、人を非難し、あげつらう場になっているとすれば、仕事をする目的の半分は実現できていないことになるでしょう。

＊部下を信じて、職場の風土づくりを

したがって、上司であるあなたには、次の三つのことを基本に心がけ、皆でよりよい職場をつくり上げてくださることを提案します。

第一に、「そこで共に働く仲間みんなの人間的成長につながるように考える」ということです。

今回のように、仲間に対して不平を言う人がいた場合、いかに正しいことを述べているように見えたとしても、「そのように主張することで、本人が人間的に成長するかどうか」を考えてみるのです。——人を非難・攻撃している間は、人間として成長することはありません。

また、第二には、「誰かを悪者にして事の解決を図ることは決してしない」ということです。

一人ひとりの能力・性格・感性は違うという個人差を理解し、「事が生じた時には、善玉・悪玉に分けて悪玉だけを罰し、排除しよう」という発想はとらないことです。冷たい正義中心・権利中心・能率中心の考えは、競争原理中心の現代社会では当たり前のように思えますが、日本人が古くから大切にしてきた「和」や「思いやり」という慈愛の原理が生きてきません。皆が生き生きするようにしたいものです。

第三は、先の二つの原則が確認できたところで、「職場の目標をはっきりと確認し合う」ことです。

こうした場合、能力のある人が損をしているように思われるかもしれませんが、決してそうではありません。「他人の欠点を補い合う」という温かい雰囲気の中で仕事ができることが、一人ひとりの成長の意欲を高め、自分の可能性を増大させていくからです。そうした雰囲気が浸透してくれれば、皆が仲間とのつながりの中に、おのずと感謝と喜びを感じることができるようになるでしょう。

まず、あなたが部下一人ひとりを信じ、部下の育つことを喜びとするという強い愛情をぶつけてみてください。きっと皆も共感されるでしょう。あなたがこの体験を通して成長し、部下の皆さんもまた人間的に成長されることを期待しています。

悪者をつくらず、共に学ぶ姿勢で
温かい職場の風土づくりに努めてください。

Q14

公共の場での子供のわがまま、親は放任？
――よその子供を注意するには

最近は、電車の中やファミリーレストランなどで、わが子を野放しにしている親が多くなってきたように感じます。

先日、思いあまって注意をしたところ、母親から「これがうちの教育方法なのだから、口を出さないで」と、逆に私がたしなめられてしまいました。他人様のことなので、こちらもそれ以上は言えませんでした。こういう場合、どうしたらよいのでしょうか。（五十代・主婦）

＊個人のわがままが許される社会？

自由・平等ということを履き違えているのでしょうか。最近は、このように他人の目や考えにはまったく無頓着で、周囲の迷惑を無視し、自分の考えや態度を改めようとしない親、公共の場でも子供のわがままを放任している親が目に付きます。今回のご質問のように、不行儀をたしなめたり、叱ったりしたくなるというのは、よく見かける問題です。

民主主義思想の「個人の人格を尊重する」という理念には賛成ですが、それが一人歩きしすぎているように感じます。一人ひとりの好みや価値観、さらには正義の基準にも違いがあるのは理解できるのですが、そこでどのように「公共の正義や平和」を実現する原理・原則（モラル）をつくるかという点では、日本はまだ成熟していないようです。

＊「正論」で相手の人格を傷つけない

ところで、人間関係においてよく感じるのは、相手の不行儀に対する私たちの反応の仕方が、「正しいことである」とか「正しくないことである」とかという冷静な正義の判断に基づかずに、自分が抱く気持ち（感情）をぶつけている場合が多いようだということです。感情は以心伝心で、こちらが相手のことを「だめな人」だとか「常識がない」などと批判したり評価したりするその心の姿が、相手の心に敏感に伝わり、言葉以上に相手の人格に影響を与え、対立をつくり出しているように感じるのです。こうして感情（気持ち）と感情（気持ち）のぶつかり合いが起こることが多いようです。

それでは、今回のように他人の不行儀に出会った時、私たちはどのような心構え・態度でいればよいのでしょうか。

自分でも悪いと気づいている欠点を指摘されたら、私たちはどう反応するでしょうか。たいていの人はムッとします。また、どの親も、たいていは自分の子供がよい子に育つことを願って、苦心し心を砕き育てています。他人の目には「何の躾（しつけ）もせず、放任しているかのように見える親」でも、当人にできる「最善」を尽くしているものだという思いやりが大切です。

とすれば、一概に相手を批判的・否定的に見ないで、正邪善悪を冷静に見つめ、まずは相手を慰安する気持ちをもって接することが大切であるということになります。こちらの正義感と快・不快の感情だけで判断して、相手の人格に傷をつけるような発言をするのは、たとえそれが一般的には正論であっても、公共の場で傷をつけたということになれば、それは正しいやり方ではなかったということになります。

＊相手の苦労への共感を

したがって、相手の苦労の姿に共感し、どうしたらその人に安心と満足を与えることができるかを考える必要があるということです。

特に他人の子供を叱る場合には、その子の親のご苦労に共感しつつ、話しかけたいものです。「わがままな子供」の母親は、毎日のようにその子供と格闘し、思い悩み、精神的にいつもイライラしておられることでしょう。そんな時、タイミングよく「大変ですね」といった会話を交わすことができたとすれば、母親はどれほど安堵することでしょう。

また、（特別の場合を除いて、他人の子供に対して直接的に指導するということは、今日的には避けたほうがよいと思われますが）もし注意をうまく伝えられなくて、相手方に不快感を与え、反論を受けた時には、素直にお詫びするだけの勇気をもっていることが大切です。その勇気があれば、あなたのそうした素直さによって、相手も何かに気づかれることでしょう。

そして、先ほど、日本ではまだ「原理・原則（モラル）づくり」が未成熟だと申しましたが、最近では公の場での社会的正義と平和を実現するために、その場の監督責任者が定められるようになってきています。そうした場で他人の子供の不行儀に気づいたら、直接的にあなたが指導するよりは、その責任者を介して指導していただくのが適切です。それは、その責任者には公共の正義を実現する役割を与えられているということで、注意を受ける側も冷静に聞けるところがあるからです。

あなたのように「共に形成している社会を明るく、美しくしていこう」とはたらきかける人は本当に少なく、真の勇気と人間尊重の精神の持ち主でなくてはできないことでしょう。

私たちは、「不行儀や不品行は、当人の人間性や人格を傷つけることだ」という共通の認識をもち、できる限り冷静に、相手に安心と満足と平和の精神を提供できるように努め、心のつながりが感じられる日本社会をつくっていきたいものです。

反論を受けたら、素直に詫びる勇気も必要です。相手の心を慰安する気持ちで接しましょう。

Q15

介護とボランティアを両立したい
――義母も勧めてくれているが

同居中の八十代後半の義母は、長い時間床に就く日も多く、認知症も少しあります。夫には勤めがあり、子供もいないので、私が義母を看ることになっていますが、私は地域の民生委員として家を空けることが多く、義母の介護に専念しづらい状況です。

そんな折、自治会から単身高齢者のための買い物ボランティアの要請がありました。義母は「人様のお役に立つのだから」と勧めてくれますが、どうしたらうまくやり繰りできるでしょうか。

（五十八歳・女性）

＊何をいちばん大切にしたい？

お母様（義母）の介護をされつつ、民生委員をされ、さらには買い物ボランティアをという要請も来て、うまく責任を果たせるだろうかと案じていらっしゃるご様子。あなたが悩まれるのも、ごく自然なことです。簡単に「こうしたらよい」などと言えるものではありませんが、ご一緒に考えてみたいと思います。

今日まで長い間、民生委員としての役割を果たしてこられたあなたに、地域の皆さんは期待しているようです。また、あなたの側も、さらに新しく買い物ボランティアを引き受けて、皆さんのお世話をしようと思われるだけの意欲も体力もおありのようです。

しかし、それら全部との両立となると、高齢のお母様の介護が手抜きにならないだろうかという心配もあることは、よく分かります。

このような場合に最も重要なことは、あなたが何をいちばん大切にされるのかという、優先順位をはっきりさせておくということです。

＊大切にすべきはやはり母親（身内）

まず、身内を犠牲にしてまでボランティアに走るのは、一般的に言って不自然です。また、自分の能力以上のことに手を貸すというのも、一時的には必要なこともありますが、長期的には問題を感じます。

ボランティアというのは善意の行為ですから、「よいこと」には違いありませんが、重い社会的責任を伴います。そこで無理をすれば、「よいこと」をしながら周りの人に犠牲を強いることになり、その結果、自他の心身を共に苦しめてしまう危険性があります。

したがって、ここではお母様の介護を第一とされ、そのうえで可能なら、民生委員や買い物ボランティアをされるのがよいでしょう。

幸いにして、あなたとお母様との関係はきわめて良好のようです。また、お母様はあなたの気持ちをよく理解されており、ご自分もある程度の不自由な思いをされることは覚悟のうえで、後押しをしてくださっているようですから、さほどの問題はないのかもしれません。それでもお母様の様子に変化を感じたり、あなた自身が多少なりとも負担を感じたりするようであれば、無理をしないのが賢明です。特に、ちょっとした言葉づかいに、感謝の思いではなく「辛さや愚痴」が出てきた時は、賢明に判断する必要があります。

また、他人のお世話をすると言っても、「この人のお世話はこれで十分だ」とは言いきれません。そのうえ、ボランティア活動による無償の奉仕は、相手に喜んでいただくという以上に、自分の心に喜びが得られるものですから、ついついのめり込み、生活のバランスを失ってしまう事例は、よく見かけるものです。したがって、先にも述べましたが、その際の見きわめのポイントは、奉仕をするほうも受けるほうも「感謝の気持ち」でいるかどうかにあることを、心得ておく必要がありましょう。

＊無理を感じた時、助け合える仲間づくりを

おそらくお母様は、あなたから介護を受けていることに感謝しつつも、自分の世話だけで家に閉じこもらせることにならないように、〝外へ出かけて息抜きも

しながら、いろいろな人たちの間で学んできたら〃というお気持ちで、後押しをしてくださっているのでしょう。

そうしたお母様の心をありがたく受けとめる意味でも、あなたの心の中での優先順位が「お母様第一、他のボランティアはその次」であるという点をはっきりさせたうえで、明るく、奉仕と報恩の気持ちで社会貢献をなさったらよいでしょう。

自分の心の中で、この優先順位がはっきりしていれば、時間を無駄にすることなく、テキパキと行動できるのではないでしょうか。しかし、優先順位の原則を守れなくなってはいけませんから、自分に無理を感じた時には、ボランティアを他の人に代わってもらえるような体制と仲間とのネットワークを、あらかじめつくっておくことが必要です。これからの社会では、あなたのようにボランティアで活躍される方が増えてくると思われます。まさに自他共存で、自分が他人のために尽くすだけでなく、自分も周囲から援助を受けることができるような仲間（資源）づくりをすることが、大切になってきています。

ボランティアができる人は、一般に他人とかかわっていることが生きがいで、つい〝なんとかやり繰りをして、すべてしっかりやっていこう〟と考える傾向が強く、どうしても走りすぎてしまいがちです。決して無理をされないように、自分のゆっくりした時間も味わい、健康管理にも努めてください。

優先順位を明確にして、
自分にも周囲にも無理のないように努めましょう。

Q16

意見の対立で悩む自治会役員
――発言者を尊重しつつ、会をまとめるには

私は自治会で役員を務めていますが、各種行事の進め方や規約改正などで、一人の強硬な発言者に振り回されてしまうことがあり、困っています。

その発言者を尊重しながらも、会の運営をうまくまとめるには、どうしたらよいのでしょうか。

（六十代・男性）

＊西洋的な「議論」？　日本的な「和」？

自治会などの運営会議で、他の会員の気持ちに気が回らず、その土地の慣習や全体の雰囲気を無視して、自分の意見や考えを滔々（とうとう）と発言される方がいて困ってしまうのは、よくあることです。こうした場面では、参加者それぞれはボランティアですから、その独りよがり的な意見に一種の違和感を覚えながらも、表立って対決することを避けて沈黙してしまい、議事も進まず、立ち往生することをよく見かけます。

ところで、西洋人は理性的・論理的で、徹底的に議論を尽くして物事を決めるという文化ですから、意見を述べることに慣れています。しかし、日本人は人の和を重んじることが先に立って、たとえ正しい意見をもっている人であっても、周囲に違ったことを主張する人がいれば、自分の意見を述べることを避ける傾向があります。意見の対立（相違）を、「意見は意見」「見る立場・位置による相違である」とは、なかなか考えられないようです。

戦後、日本には西洋風の自由・平等意識が浸透し、日本人でもはっきりと自分の意見を述べる人が見られるようになりました。しかし、現実にはそれが行きすぎて、「相手の立場に立って意見を述べる」というモラルを失い、相手に構わない、独りよがりな自己主張・権利主張が目立ってきて、秩序が乱れてしまう場面が増えているようです。今回のような公の善意で集っている集団の会議では、いまだに「日本的な和を重んじる」という情緒的な関係が優先される場合が多いこともあって、一部の理不尽な言動を押さえきれなかったり、公明性を欠いたりする結果を招いていることを自覚し、改善していく必要がありましょう。

もちろん、相手を非難したり、拒否したり、あえて対立したりという態度は慎まなくてはなりません。相手の意見をじっくりと受けとめ、冷静に議論を尽くすという原則は大切です。

＊「会議の原則」を設ける

私はこうした場合、「会議の原則」をつくることをお勧めしています。例えば、次のようなものはいかがでしょうか。

①相手の意見・人格を尊重すること。
②自分の意見に固執しないこと。
③対立する意見をも公平に議論の俎上に載せること。
④どのような意見をも否定しないこと。
⑤会議の場での意見は他の場に持ち込まず、黙秘を保つこと。
⑥公明正大を原則として、情報は公開し、皆が共有していること、など。

たとえ不十分なものであっても「原則」が設けられていると、皆、その公の原則に逸脱する言動は慎むようになるものです。

＊「裁きの心」ではなく「学び合う心」で

東洋には「之を道くに政を以てし、之を斉うるに刑を以てすれば、民免れて恥ずるなし。之を道くに徳を以てし、之を斉うるに礼を以てすれば、恥ずるありて且つ格る」（法律や命令だけの政治で民を指導しようとし、これに従わない時は刑罰をもって臨むなら、民はその刑罰を免れさえすればよいとして、悪いことをしても恥ずかしいと思わなくなる。ところが道徳をもって民を導き、礼儀を教えて統制していくと、民は悪いことをすると羞恥（しゅうち）を感ずるようになって、おのずから善に至るものだ／『論語』為政第二）という教えがあります。昔であれば「恥」や「礼」といった道徳的観念が、理不尽な態度を規制していたと思われます。ところが西洋思想が中心になっている今日の日本の社会では、「恥」や「礼」といった私的道徳観念だけでは、公共の場の道徳規範になり得ないことが明らかになってきています。その場その場にふさわしい公共の道徳的原則を語り合い、定めていく意識が必要です。

　意見をまとめ上げるには、それなりの知力と道徳力が必要です。相手の違った意見に学び、相手を認める姿勢を失わず、全体の立場から「ここはこう判断しよう」というように相手を尊重して提案するには、知力を要します。また、相手の善意を引き出し、皆の心を一つにまとめ上げていくには、道徳力（思いやりの力）が必要です。

　自治会の集まりでは、同じ地域に住む、違った経歴・経験をもつ人々が集い、仕事での役職や立場を離れて、平等・対等に意見を交わすわけですから、考えようによっては、きわめて学びの多い場であり、その地域の知的・道徳的レベルが現れてくる場とも言えましょう。
ご苦労も多いこととは思いますが、皆さんの善意を信じ、公明正大をモットーに、明るい自治会活動を続けてください。

皆の善意が生きるように、
私心を交えず、平らかな心で受けとめましょう。

【生き方を考える②】喜怒哀楽の中で「真実」に出会う

●喜怒哀楽が人生

「人生は喜怒哀楽に帰す」と言えないでしょうか。

私たちは、朝起きてから夜眠るまでのさまざまな心づかいやふるまいの中で、また、正月から大晦日までの大小さまざまな仕事や人間関係の中で、さらには、生まれてから死ぬまでに出会う数々の毀誉褒貶・栄枯盛衰の経験の中で、四苦八苦・努力精進を繰り返します。その究極のところは、「私たちは怒りや哀しみを克服して、喜びや楽しみの多い人生・社会を実現するために生活している」ということでしょう。子供のころから学問や礼儀作法を身につけさせ、思いやりの心を涵養すべく教育するのも、はたまた体力や技術を身につけさせるのも、「その子が怒りや哀しみに負けることなく、人生を喜びと楽しみ多く過ごせるように」と願ってのことでしょう。

しかし、個人的な対立や競争、老いや病、地球上の戦争や貧困、闘争など、私たちの喜びや楽しみを阻害する不条理や不正義は、どこに行ってもなくならないようです。

それでもなお、人間として与えられたいのちを肯定するためには、どのような考えに立っていけばよいのでしょうか。また「いかなる運命や環境に置かれても、自分に与えられた人生をよりよく主体的に生ききる道」とは、どのようなものでしょうか。

人の運命や天賦の才能は一律ではありませんし、現実の不条理や不平等・不正義については、冷静に諦めるしかないこともあります。それでも自分自身の感情を乱すことなく、そうした不条理に挑戦し、真の正義と平和を実現するための「心の持ち方」を考えてみたいのです。

●喜びも楽しみも個人のものではない

本来、社会的・高等動物である人間は「自分一人で喜びと楽しみを独占してはいけない」もののようです。一人で味わう喜びは、すぐに空しさに変わります。私たちは、家族や仲間と喜びや楽しみを分かち合った時、その喜びや楽しみが本物であることを確信します。さらには自分のためだけでなく、他人や社会、国家や世界の平和（喜びや楽しみの増大）のために努力することで、自分自身もより大きな喜びや楽しみを味わうのです。

人間の喜びや楽しみと言うと、きわめて小さな個人的なことのように感じられるかもしれませんが、「人類の安心・平和・幸福を実現する」という努力も、実は個々人の喜びと楽しみを実現することと同事（どうじ）であるということを感じとりたいと思います。

●「自他の安心と満足と成長」を意識して

日々、生きていくうえでの基本は、絶えず「自他の安心と満足と（人間的）成長」につながるように考え、行動することであると考えます。

私たちは、親・祖先・諸恩人をはじめ、人類の安心と平和につながる考え方ができている時、「安心」という感情が湧いてくるようです。また、親・祖先・諸恩人の安心・平和をはじめ、宇宙自然の大道につながることを考え、これを実践できた時、「満足」という感情を味わうことができるのです。そして「（人間的）成長」とは、安心と満足の心を増大させるとともに、それを共に味わう仲間の輪を広げ、絆を深めていけるように、自分を成長させることです。より多くの人と苦楽を分かち合うことで、共に「生きている」という実感を味わうことができます。そこに私たちの「生きる喜びの原点」があると言えましょう。

「自分のほうは間違っていない」といった私的な安心や満足にとどまることなく、必ず他者と共に安心し、満足できるように、相互理解と相互受容、そして相互成長に努めていくのです。自分に安心や満足が得られているとしても、相手も安心や満足を得られているかと振り返り、一時的に安心と満足が得られたとしても、それが真に自他の人間的成長につながっているかどうかを省みて、自分の態度（身）や言葉（口）や考え（意）を今一度振り返ってみるのです。

家庭内の問題から国際関係の問題に至るまで、無関心や不干渉、過干渉や過保護などの態度からは、一時的な歪んだ快感は得られても、心からの喜びはありません。人それぞれに与えられた場所で、一人ひとりが「自他の安心と満足と成長」につながるように生きることから、真の正義と平和が実現すると考えます。

安心といい、満足といい、成長といい、正義といい、平和といい、愛といい、慈悲といい、とどのつまり、私たちは「神意（万物を生成化育するという、人間を超えた大いなる存在の意志）」を実現して「真実」に出会う存在として、生を与えられているのだと考えます。どんな困難な状況の中でも、相手を変えようとする態度をとるのではなく、その時自分にできる、最善のことは何かを考えてみたいものです。自分のためだけでなく、他人のためだけでもない、自他の安心と満足と平和を実現するために「自分にできること」を考えるのです。私たち一人ひとりは「与えられたいのち」を使って、「神意」を実現するために生を与えられていると考えるからです。

第3章

「人生」と向き合う

認知症、口調が荒くなっていく祖母

――家族としての対応は

私の家族は両親・祖父母と五人暮らしです。両親は二人とも働いており、家事などは主に祖母がしています。ところが最近、その七十八歳になる祖母が認知症になり、口調も荒くなってきました。本人も症状に気づいているようですが、つい私も強い口調で言い返してしまいます。

「年だから仕方がない」と諦めるのは、納得できません。どのような対応をすればよいでしょうか。

（十代・学生）

＊社会全体としての重要な課題

超高齢社会に入った今日の日本社会では、アルツハイマーをはじめとする認知症などの要介護老人を抱えた家庭の援助のあり方が、大きな社会問題・政治課題として浮かび上がってきました。それぞれの家庭が、さまざまに異なる状況の中で、このような深刻な問題に苦悩していることは、社会の一員として座視できません。今現在そういった状況にはないという家庭も含めて、私たち一人ひとりにとっての身近な問題として考えていかなければならないでしょう。

＊家族全員で助け合い、補い合う覚悟を

あなたの場合、今まで家事を担ってこられたおばあさんに認知症の兆候が現れ、家庭の中での役割のバランスが崩れ始めているとのこと、さぞ大変なことと拝察します。

特にまだ学生であり、学びにもその他の活動にも集中したいと考える年ごろのあなたにとって、そうしたことが家庭環境によって大きく左右される事態は、一

つの試練と言ってもよいと思われます。家に帰って顔を合わせれば、当然、おじいさんやおばあさんの状態について、見て見ぬふりをすることはできないでしょう。妻の認知症に悩むおじいさんや、おばあさん自身の不可解で身勝手な言動に対して感情的になり、つい強い口調で言い返してしまうというのも、よく分かります。

ここはまず、あなたが自分一人だけで悩んだり、〝両親や祖父母自身に何とかしてほしい〟という逃げの手を打ったりしないように心がけたいものです。ご両親は、おばあさんの認知症のことを知りつつも共働きをされているとのことですが、現実的に考えるなら、おばあさんの状態について介護福祉士や専門医に相談され、家族みんなが共通の認識をもっておく必要があるでしょう。

いずれは症状が進んでいくと思われますから、家族全員が協力して、一日一日助け合い、補い合っていくという覚悟が大切です。また、社会的支援を受ける方法についての情報を集め、あらかじめ相談体制を整えておくことも必要でしょう。

＊今日までの苦労・愛情を思う

〝どうして私が祖母の世話を〟と思われることもあるかと思いますが、おばあさんの辛さも考えてみてください。今まではできたことが思うようにできなくなり、自分で気をつけようとするだけでは何ともならないのが認知症です。おばあさんも皆に迷惑をかけつつある自分の姿を感じられて、弱気になったりイライラされたりしているのではありませんか。

ここは家族みんなで、おばあさんの想いを全面的に受け容れる覚悟で取り組んでください。そして、おばあさんとの楽しいよき思い出を振り返ってみましょう。一つでもよいですから、おばあさんからいただいた贈り物や、〝あの時こんなことをしてもらった〟等、思い出すことがあれば、そのことへの感謝を忘れず、温かい心づかいと言葉で、何でも聴いてあげてください。お年寄りや病人の心は非常に敏感で、接する人の心づかいに微妙に左右されるのです。あなたが温かく穏やかに接することで、おばあさんもきっと穏やかになられると思います。

要は、決して〝困ったことだ〟と否定的な気分にならないことです。そんな時は少し心を整えて、おばあさんの今日までのご苦労や温かい愛情の数々を思い出し、安心して生活していただけるような環境をつくるために、あなたの知恵と体力と精神力を使って工夫してみてください。この一日一日は、あなたにとって貴重な学びになるでしょう。

＊誰もがいずれは通る道

祖父母のお世話をするということは、決して「お世話を受ける側」であるおばあさんだけのためではありません。ご両親も、あなた自身も、将来は通過する道であり、喜びも悲しみも家族みんなの貴い歴史です。

まずはご両親が忙しくて手が回らない時間帯だけでも、あなたが温かく明るい気持ちでおばあさんに接し、語らってみましょう。相手の弱さや、思いどおりにならない辛さに寄り添うことで、また、認知症に伴う不可解な言動を〝許し、受けとめよう〟と努めることで、おばあさんの人生を尊重できるようになれば、それはあなた自身にとって、どれほど貴い学びになることでしょうか。

日常生活の中では、そこで出会う「一瞬一瞬の表情」を大切にしたいものです。
あなたも〝このお世話できる瞬間が再び訪れることはない〟と考えて、進んで「明るく楽しい気持ち」をおばあさんに差し上げるという、感謝と報恩の気持ちで接してみてください。きっと後で、おばあさんからたくさんの宝物をいただいたのは自分だったと気づかれることを確信しています。

一人で悩まず、家族全員で心を合わせて。
相手を尊重する心を忘れずに接してください。

Q18

友人関係に悩む中学生の息子
――いじめ？　不登校？　その対応は

中学二年の一人息子が時々学校を休むようになりました。息子の友だちの親からの話では、どうやら同級生からのいじめに遭っているようで、〝あんなに元気で優しい子がどうして？〟という思いです。息子に聞いても一切話してくれません。少し内に閉じこもるタイプなので心配です。

夫は帰りが遅く、休みもなかなか取れない状態なので、私がパイプ役になる以外にないと思っています。学校と息子への対応の仕方を教えてください。

（四十代・主婦）

＊日々の変化を冷静に観察する

元気で優しかった息子さんの変化には、さぞ心配なことでしょう。

思春期は自我に目覚めるとともに、生理的にも心理的にも大きな変化に直面し、心の動揺が最も多い時期ですから、現実の問題にどのように対処していくかについては、本人だけでなく親も肚を据え、しっかりと受けとめる覚悟が必要です。

まず、親としては「問題から目をそむけない、逃げない」という覚悟が大切です。それは問題が発生した時、〝自分たちは被害者で、他人のせい、学校のせいでこうなった〟などと、外に原因探しをするのではなく、自分を含む家族や友人など、子供を取り巻く状況について冷静に見つめ直すということです。そのうえで、担任の先生に、息子さんが学校を休むようになった前後でどのような変化を感じておられるか、をお尋ねすることです。

これは「どうして私の息子は学校でいじめに遭っているのでしょうか」と、先生に詰問（きつもん）するということではありません。息子さんの友だちや先生と接する際の態度や姿勢、言葉づかいに変化が現れ出したのはいつごろからか、などを確認し合って、息子さんが何に心を痛めているのかを共に考えるという姿勢をもちたいものです。

＊思春期は「ぶつかり合い」も起こる時期

こう申し上げるのは、もし息子さんが〝自分の力で自立していこう〟という気持ちでいるとすれば、今までなら黙って受け容れていたことに対しても、自分の気持ちを主張するようになり、相手とぶつかることがあっても当然だろうと考えられるからです。

いじめが発覚すれば、それは犯罪行為ですから、学校関係者やＰＴＡの支援も得て、慎重に対処しなくてはなりませんが、自立期の子供同士の間では、自我の主張によるこうした「ぶつかり合い」が発生することも多いのではないかと思います。親としては、そうした衝突のすべてが悪であり、いじめであると決めてかかるのではなく、子供たちの問題は、少々の時間がかかっても子供たちの力で乗り越えていけるように支援し、導きたいものです。その支援のために、息子さんの家庭内での言葉づかいや親への態度、気持ちの表現などを、注意深く観察し、耳を傾ける姿勢が大切です。

＊両親の役割

子供が自立を図る過程でのこうした試練は、親子関係がしっかりしていれば、たいていは乗り越えることができるのではないでしょうか。私がこう考えるのには、理由があります。

かつて参加したカウンセリングの研修会で、「親子の人間関係のよしあしが、あらゆる人間関係の基礎となる」と学んだことがあります。友だちや夫婦や他人との人間関係は、親子関係の応用問題であるということを示唆されました。数学で言えば、「親子関係は加法・減法で、他の人間関係は掛け算・割り算・微分・積分のようなものだ」というのです。

また、「子供が両親をどのように受けとめているか」ということは、きわめて重要です。子供が両親を尊敬・信頼し、〝両親も苦労・苦心しながら、家族や社会のために懸命に努力している〟という考えをもっているとすれば、もし友だちからいじめられ、学校へ行けないということがあったとしても、〝お父さんたちもがんばっているし、自分を見守ってくれている〟と感じて、現実の苦悩や苦闘の中でも持ちこたえるでしょうし、自分の力では何ともならなくなれば相談すると約束しておくこともできるでしょう。

ここで、夫婦の足並みがそろっていることが重要です。ご主人が多忙であっても、子供の状況について丁寧に報告し、両親で精神的に支援していくという家庭の雰囲気をつくることができなければ乗り越えられないでしょう。

＊共に学び、共に成長するという姿勢で

長い人生では、いじめのような試練や対立、さらには人間社会の矛盾や不合理に、何度も直面します。しかし、それを正面から、前向きに乗り越えていかない限り、自分も社会もよくなっていかないということは、人生の先輩であるお父さん自身が、日々感じていらっしゃることではないでしょうか。また、この実感に基づいて日々尽力されている「父親の後ろ姿」があるとすれば、母親であるあなたは、父親の意志を自分の意志として、子供を支えていかれればよいでしょう。
　一般には、このような事実が明らかになると、学校や友だちのせいにして〝息子は被害者だ〟という気持ちで対応することが多いのですが、悪者探しの対応では、決して子供たちのたくましさや正しい自立心を育てることにつながりません。ここは母親としても動揺することなく冷静に、ご主人や周囲の仲間の協力を得て、子供の潜在的な力を信じ、「共に学び、共に成長する」という姿勢で接していかれることをお勧めします。

親子の信頼関係がすべての基礎。
動揺することなく、子供の力を信じて見守りましょう。

Q19

親の介護に協力しなかった義きょうだい
——姑亡き後の付き合い方は

九年近く介護をしてきた姑(しゅうとめ)が亡くなり、里の両親も体調不良で老人ホームに入るなど、多忙を極める中で葬儀をしました。私は次男の嫁ですが、主人のきょうだいたちからは介護の協力が得られず、葬儀を終えても、ねぎらいの言葉さえありませんでした。

この先、主人のきょうだい夫婦とお付き合いをするつもりはないのですが、将来の子供の結婚などを考えると、〝当たらず障らず〟程度は必要だろうかとも思い、どう付き合ったらよいか、迷っています。

(四十代・主婦)

＊まずは夫婦でねぎらい合って

九年間にわたる介護、そしてお見送りと、人生の大事をつつがなく済まされたとのこと、心からご苦労様でしたと申し上げます。

ご自分の両親にも気を配りながらの大役は心身共にお疲れのことであったと思われます。まずはご夫婦で、お互いに「よくやれたね」とねぎらい、感謝し合いたいものです。

ところで、どのような経緯があったのかは分かりませんが、あなたの心の中は〝協力もなければ何のねぎらいの言葉もない、こんなきょうだいとは、もうお付き合いなどしたくない〟という気持ちでいっぱいのようです。きょうだいや親族の協力を得ることができていれば、大変であったとしても、もっと楽しく介護ができ、同時に家族・親族の絆も深めることができたでしょうから、それは残念なことだったと同感します。

ただ、力いっぱい使命を果たされた直後であるあなたには、今、少し心身を癒して、この十年来、親のお世話をしながら、よく持ちこたえることができたことに感謝しつつ、その間に味わわれたよき思い出を、ゆっくりと振り返ってみられることをお勧めします。疲労されているうえに、きょうだいを責めるような心をつかっては、あなたの心身に過重の負担を加えることにもなりますし、今までの努力も、無に帰してしまうことになりますから。

＊精いっぱいできたのだから……

あなたが九年間も、親身になってお姑さんのお世話をなさったというのは、貴いことです。それなりの覚悟も必要で、いやいやながらの気持ちでは決してできなかったでしょう。もちろん辛い時もあったと思われますが、今回の一連のお世話を通していちばん徳を積み、学びを得られたのはあなた自身であり、人生についてもいろいろなことを考える機会になったのではないでしょうか。介護を受ける側であったお姑さんからも、他のきょうだいたちのことや子供たちへの想いなど、あなたしか聞けなかった貴重な宝物が得られたのではないかと拝察いたします。

また、何と言っても、ご主人たちきょうだいにとって最も大切なお母様のお世話を成し遂げられたわけですから、きょうだい夫婦も、きっと心の中で、あなたに感謝されることはあっても、恨みに思っておられることはないと思いますよ。

――考えてみれば、自分の親の介護や葬儀に際して、積極的に協力できなかったということは、よほどの理由があったのではないかと思います。よくあることですが、以前から他のきょうだいたちとの人間関係がこじれていて、そのために今回も素直に協力し合えなかったのでは、とも考えられます。

そのように考えます時、他のきょうだい夫婦の態度には一抹の不可解さが残りますが、決して相手を責めることなく、皆で仲よく見送ることができなかったことを痛みつつも、あなた自身は精いっぱいお姑さんを見送ることができたということに、静かに感謝できるとよいですね。

＊「親祖先の喜び」を考える

もし、あなたが今、〝他の兄弟姉妹との縁を切ろう〟などと考えているとすれば、あなたがこれまでお姑さんの恩に報いる気持ちで行ってきた努力は、すべて無に帰してしまうのではありませんか。親孝行に「完全」ということはありませんが、少なくとも、子供たちがきょうだいの絆を切ったことを喜ぶ親祖先は、どこにもおられないでしょう。

難しいことは承知のうえで申し上げるのですが、ここはあなたの側からきょうだい夫婦に対し、葬儀も無事に終えられたことについての報告をし、至らなかったところは詫び、「また家のほうにも来てくださいね」というように、親しみと和らぎと反省の心で対応していかれることを提案します。きょうだいの縁を大切にすることは、「親の想い」「祖先の祈り」を大切にすることです。それは、あなた自身の人生を前向きに、心の底から明るく、力強く生きていくことにもつながると考えます。あなたが他のきょうだいを切るような心をつかうとすれば、それは祖先の喜びを絶つことになり、いのちの根とのつながりを切ってしまうことになると思えるからです。

少しは時間がかかるとしても、あなたに他のきょうだいたちとの関係を大切にしようとする想いがある限り、血の通い合っているご主人たちきょうだいの関係はよくなっていくと信じています。過去の怒りの心に負けないで、強い前向きな心で、新しい信頼の道を切り開いていってくださることを祈ります。

親の心を思い、相手を責めず、
あなたのほうから歩み寄ってください。

Q20

中学生になってもマイペースな息子

――何とか改善させたいが

中学二年になる息子がいますが、小さい時から「のんびり屋」というかマイペースで、何事も始めるのが遅いのです。一人っ子なので、主人とも協力し、それなりに躾をしてきたつもりですが、すぐに行動しない癖は、なかなか直らないようです。

何とか改善させたいと思っていますが、何かよい方法はないものでしょうか。

（四十代・主婦）

＊考え方を変えてみる

息子さんは、他人との集団行動の場では特に心配があるわけではないようですが、少しのんびり屋で、行動もてきぱきしないマイペース型、そんな息子さんの行動が気になっておられるということですね。

親の目から見て、少しでも気になるところがあると〝小さいうちに何とか躾をしておかなければ、後で困るだろう〟と思う親心は、よく分かります。まして一人っ子ということで、両親の目と口と手が行き届くわけですから、よけいに気になるようです。

ところで、子供のふるまいの特徴については「ある日突然そうなった」というわけではなく、幼少期からの親子関係の中で形成されてきていることが多いというのが一般の考えです。小さい時から「のんびり屋」であったという息子さんには、今まで何回もそのことを指摘し、改善させようとなさってきたことが想像できます。その息子さんの行動が変わらず、そのまま中学生になっているということですから、ここは息子さんのことを思いながらも、親であるあなた方のほうが、少し考え方を変えてみることを中心に考えていきましょう。

*「ゆっくり、のんびり」も貴い個性

あなたとしては、ご主人と協力して、それなりの躾はしてきたということですから、息子さんも素直で、「ゆっくり癖」は直らないものの当人はそれほど困った様子がないのであれば、あまりしつこく言う必要はないでしょう。

一般に中学生と言いますと、自我の確立期でもあり、心理的にも生理的にも変化・成長が著しい時期です。表面的にはおっとり、ゆっくりしているように見えても、心の内では葛藤したり悩んだりと動揺し、多感な日々を過ごしていると考えられます。

したがって、子供の欠点を直そうとして、親のほうから一方的に、「のんびり屋で、ぐずぐずしていて、だめな子で」等といった押しつけがちな指摘を続けるとすれば、かえって子供の自尊心に傷をつけ、反発を招き、性格を歪めてしまう危険がありましょう。

つまり、本当にこのままだと将来の息子さんの家庭生活や社会生活に支障をきたすと考えられるのか、それとも「ゆっくり癖」はこの息子さんの個性と考えるのか、ということです。

今日の高度情報化・高学歴化に伴う塾競争や受験競争の中で、どちらかと言えば他人の言動に対して目ざとく、神経をぴりぴりさせている少年たちが多い中にあって、「のんびり屋」であるというあなたの息子さんは、とても個性的で人間味があるとさえ私には思えるのですが、どうでしょうか。「ゆっくりしている、のんびりしている」というのは、その子供の真の持ち味にもなる、と肯定的に受けとめることはできないでしょうか。

＊悪循環を断ち切るために

また、少し専門的な立場から見ると、子供は「何度も同じことを指摘される」という体験を繰り返すうちに、無意識のうちに〝こうすれば自分の親はいつまでも自分のことを気にして、関心をとどめておくことができる〟という思いができ、これが母子癒着・共依存（過剰に依存し合う状態）の原因になると指摘する説もあります。その先に「自立できない子供」が待っているというのです。

したがって、本当に直したほうがよい癖かどうかを見きわめるため、また、子供にかかわるあなた方の態度が悪循環になっていないかどうかを見きわめるために、ここは親のほうが賢明に、態度を変えて、あえて干渉しないで距離を置き、見守ることから始めることを提案したいと思います。

子育ての目標は、「知・情・意」に「体力」という基本的能力を身につけさせ、「自分で考え、自分で行動し、他人の言うことをしっかり受けとめ、自分で判断のできる人間に育てること」にあると考えます。

この時期は特に、自立へのスタートの時期でもあります。決め付けるのではなく、子供を信じて見守っていけば、あなたの目には気になっている「欠点」が、かえって大きな器になっていく基礎となる可能性があるかもしれません。もちろん、ずっと見守るだけでよいということではありませんが、一週間、一か月と待ち、見守ることを続ける中で、真実どうすればよいかが見えてくると申し上げたいのです。

ご両親であるあなた方が、息子さんをもう子供としてではなく、自立しつつある少年として、その自尊心と責任能力を尊重し、過干渉にならないように、大らかな心で見守っていかれることをお勧めします。

少し距離をとって見守り、
自然な成長を待ってみてはいかがでしょうか。

Q21

「親が重い」と言う一人娘

——三十代、結婚の意志は

もうすぐ定年を迎えるサラリーマンです。三十路（みそじ）を過ぎた一人娘が、結婚したいという意志を示しません。妻も妻で、娘がかわいくて仕方がないようで、いっこうに手放す様子はありません。ここに来て、娘の口から「お父さんも、お母さんも、重たい存在で嫌だ」と聞かされ、たいへんショックを受けました。娘の真意をはかりかねています。

（五十九歳・男性）

＊はっきりしない親の本音

おそらく一人っ子ということでしょうか。ご両親が娘さんの成長に一喜一憂しながら、大切に育ててこられたことがよく伝わってきます。

その娘さんも結婚適齢期になり、親としては結婚を期待しているとおっしゃりつつも、本音のところは曖昧なのではないでしょうか。奥様も、そしてあなた自身も、娘さんが親のもとを離れて独立していくという事態に対して、いまだ現実的に考えていらっしゃるようには思えないのです。

娘さんがどのような考えをお持ちなのかは分かりませんが、ご両親のほうも、口では「結婚するように」と言いながら、曖昧なまま日が過ぎて、何となく今の平穏な状態が続いていくことを楽しんでおられるようにも感じられます。

娘さんはそうした親の気持ちに翻弄(ほんろう)され、自分で結婚相手を決めようとすれば親にいろいろと条件をつけられてしまうように思えて、素直に自分の気持ちを語れないのではないでしょうか。また〝このまま、もうしばらくは結婚について考えないでおこう〟と思っていたとしても、ご本人もご両親も、心のどこかで〝独りでいることが、いつまで許されるのだろうか〟といった気持ちが湧いてきて、安心していられない状態にあるように思えます。

そうした状況に置かれた娘さんの心の内を想像してみると、自分で動こうとすれば、親の意志が気にかかる。そして「家を出ていってもよいものか、それとも、この家にいなくてはならないのか」という点についても、親の態度がはっきりしない。そんな状況に、自分の気持ちを押しつぶされているように感じて、「親が重い」という言葉で表現されたのではないでしょうか。

*「将来」について語り合うきっかけに

世間では「婚活」という言葉が流行語になるほど、日本の若者はなかなか結婚しなくなりました。自分の自己実現や自由を楽しむことと、結婚の喜びを感じつつも責任を果たすことの重さとを天秤にかけ、どちらを選んでもよいと言われれば、過半数は「自由」を取りそうな時代です。したがって結婚は、個人の自由の問題というよりは、家族や社会のみんなで後押しをする雰囲気をつくることが何よりも大切だと思われます。

娘さんも三十代になられたということですから、やはり結婚についても、〝これからの自分の人生をこのように歩んでいきたい〟という考えはお持ちでしょう。それでも、今後の親との関係や、家のこと、そして将来の親の世話のこと、仕事のことなどを考えて、自分一人では何とも決められない状況に、それなりに悩んでおられるのではないでしょうか。

そうした問題について、日常生活の中で親子で気軽に言葉を交わすという雰囲気がないとすれば、娘さんは常に「重いもの」を感じながら生活していることになります。その意味で、娘さんの「親が重い」という発言は、〝私だっていろいろ考えているのよ。お父さんたちは本当のところ、私の結婚のことについて、それに将来の親子関係のあり方について、どう考えているの？　そういうことをはっきりさせたいの〟という、本音の声の表れではないかと思われます。

それを「親の存在を否定され、嫌がられている」と受けとめて、ショックを受けておられるようですが、これを機に、娘さんの心の内を聴かせてもらってはいかがでしょうか。今こそ親の責任を果たすべき時だと考えます。

＊粘り強く

子が自立しようとする時には、親子の間がしっかりとした信頼関係で結ばれていて、心の内を語り合えるということが基本です。

語り合おうとしても、親子ですからついストレートに本音をぶつけてしまって、時には少々痛い思いをして、対話にならないことがあるかもしれません。しかし親として、子の自立・結婚という問題を真剣に考えるのであれば、まず自分たちのわがままや甘えを排して、娘の将来を第一に考え、今後の親子関係のあり方などについて、粘り強く、時間をかけて語り合いたいものです。日本人はどうも、この対話ということに慣れていないようで、逃げの手を打ってしまい、子供にしっかりと親の考えを伝えることをしていないように思われます。

したがって、ここは「娘が真剣に自分の本心を語りたがっているというサインである」と受けとめ、今日までの態度の曖昧さへの反省も含めて、ご夫婦で娘さんの将来について真剣に考え、そのうえで、娘さんと腹を割って語り合うチャンスをつくられることをお勧めします。

ただし対話というのは、自分の考えを押し通すということではなく、よりよい道を共に探し出すプロセスですから、信頼し合うこと、早急に結果を求めないことが大切です。もっと娘さんを信じてあげてください。

自立へのメッセージとして受けとめ、
お互いの本心を語り合いましょう。

Q22

仕事中心に生きてきた夫
――子供の自立後の生活をどのように築くか

夫は、几帳面で仕事上でもミスがなく、部下から慕われているようです。しかし、結婚当初から家事もせず、子供にも無関心でした。三十年以上一緒に生活しているのに心を開いてくれず、困っています。

今までは子供と同居していたので気がまぎれていたのですが、その子供も自立したため、今後が不安です。どのように夫に接すればよいのでしょうか。

(六十代・主婦)

＊新しい環境づくりへの不安

仕事と子育てとに、それぞれがうまく分業していたように見えた夫婦。ところが子供たちの独立、核家族化によって二人だけになってみると、どのように一緒の時間を過ごし、どのように接していったらいいのだろうかという不安が湧いてくるのも、よく分かります。

六十代になって、三十年も一緒に生活していたのに、夫の心が分からないという不安。それは今まで分業しながらも、お互いの意志の疎通を怠ってきたということであり、「パートナーとの共通の土俵を、これから模索していかなければならない」という、新しい環境づくりへの不安とも重なっているのでしょう。たいていの夫婦は、退職後、ある程度の経済生活が保証されているのであれば、お互いに自分のリズムを変えずに生活しようとして、相互不干渉と決め込むことが多いようですが、あなたはこのような生活を望まれていないようですから、少々の覚悟はいるものの、よい関係ができることを願って考えてみましょう。

＊第二の結婚生活を創造的に歩むために

一般に、日本の男性は「男は外、女は内」という意識が今も強く、自分の心の内を家族にも語らないことを美徳とする考えが残っているようです。その結果、男性には、家庭を守っている女性に対するねぎらいの言葉が足りないという現象も見られるようですし、職場や社会での出来事を共有するという姿勢も見られないようです。

しかし、ご主人は仕事上の能力もあり、部下からも慕われているようですから、決して「人間嫌いで冷たい、他人に対して無関心な男性」ではない、と考えてよいのではないでしょうか。あなた自身もご主人に甘えたり、相談したりすることが、上手ではなかったのかもしれません。

ここでは、これからそんな二人が共同の人生をどのように創造的に歩んでいくかについて考えてみたいと思います。

今まで一緒に生活していながら、心の通った対話があまりできていなかったということですが、それは二人が賢明に、暗黙のうちに分業・協力し合って、子供たちを独立させてきたのだと考えたほうがよさそうです。あなたの言葉によれば、「夫は子供に無関心だった」ようですが、本当に夫が存在しなくても子供は健康に育ち得たのでしょうか。……私は、夫が子育てに直接かかわっていないにしても、うまく子供を育てた妻は、夫を尊敬し、〝夫が背後に存在し、自分を支えてくれている〟という健全な感覚をもって教育に当たっていたのであろうと考えています。

したがって、ここではご主人のことを消極的に評価するのではなく、二人がここまで大事なくそれぞれの義務を果たせたことを、共にねぎらい、感謝し合うところからスタートすることが大切であると思われます。

ご主人は、そのようなことを話し合うのが苦手という面もあったのかもしれませんが、そうする余裕さえないほど真面目に仕事に没頭してこられたということでしょう。ゆっくり「ありがとう」と言うチャンスも逸しておられたかもしれません。これからがお二人の「第二の結婚生活」です。

＊三十年間を振り返って感謝を

まずはしばらく、今日までの三十年にわたるお互いの努力を思い返して、「夫にお世話になったこと、お返ししたこと、迷惑をかけたこと」を振り返ってみてください。「まったくお世話になっていない」ということはないでしょう。また、それにお返しするために、あなたはどんなことをしたでしょうか。ご主人に迷惑をかけたことはないでしょうか。ここでは、自分とご主人とのかかわりを肯定的に見つめ直すことをお勧めします。

あなたがご主人の今までの態度を批判的に見る気持ちも、分からないではありませんが、あなたのご主人はそれほどまでに黙々と、家を守るために自分の感情を押さえ、あなたが家で自由にできるよう、仕事人間に徹してきたのだということではありませんか。

人は急には変われないものですが、あなたが温かくご主人を受け容れ、感謝の心を込めて接していかれるようになれば、ご主人もあなたの心の変化に気づかれるでしょう。本当はご主人のほうでも、あなたが心を開いて心の内を語ってくれるのを待っておられるかもしれません。感謝の心は無限の力をもっていることを体験してみてください。

二人で旅に出られるのもよいでしょう。また、「お父さん、お疲れ様でした。長い間、よくがんばってくださいましたね」と、家族みんなで慰労会を開くこともできるでしょう。これからは二人して、お互いの人間的な成長のために時間と労力を提供し合う生活を考えてください。年を取っていけばいくほど二人の愛情が冷めていくというのでは残念です。互いの弱さを知り合った二人が、助け合い、育ち合うところに本当の夫婦愛が実感できると思うのです。

まずは「お疲れ様でした」の言葉から。感謝をもって、心を開いて語り合ってください。

Q23

別居でも、親に精いっぱい尽くしたのに
――相続の結果に不満

夫の両親とは別居していましたが、晩年には十五年ほど頻繁に通って介護をし、実家の畑などの管理もしていました。ところが相続では四人きょうだい（兄弟姉妹）で七年ももめた末、長男である夫はすべてを放棄しました。そんな夫を責める気持ちはありませんが、私たち夫婦の努力を分かってもらえなかったことが悔しく、恨みたいような気持ちです。

今後、どのような心づかいできょうだいに接し、ご先祖様のことを思えばよいのでしょうか。

（六十代・女性）

＊「ご先祖様の安心」を考える姿勢に心から敬意を

相続にまつわる問題で、きょうだい四人の意見が対立し、うまく調整がつかなかったのは本当に残念なことでしたね。このような事態にあって、あなた方ご夫妻が「どうすればご先祖様に安心していただけるか」を考えておられることに、心から敬意を表します。

ところで、ご主人が「(相続の)すべてを放棄した」とのことですが、まず確認しておきたいことは、この「すべて」ということの内容についてです。ここでは「両親の遺した家屋や田畑、その他の資産などの財産に関する権利」を放棄したということであって、「祖先を祀る仏壇や墓地の管理・継承といった義務」は含まれていない(放棄していない)であろうということを前提として、話を進めることにしたいと思います。

ご主人は長男でありながら、仕事の都合でしょうか、ご両親と同居することができずにおられたようです。そこでご両親の晩年には、長男としての義務を果たすべく、通いながらご両親の介護や畑の管理などをなさったとのことですから、夫婦二人で協力して、できる限り、精いっぱいの孝行を尽くされたことと思います。しかし残念なことに、七年もの間、相続問題でこじれ、最終的にはご主人がすべての財産的な権利を放棄して、決着をつけられたということのようです。辛く悲しい気持ちが残っているであろう、と拝察します。

＊親祖先が願うこと

ところで、その間のご主人の想いはどこにあったのでしょうか。きょうだい間の対立や仲違い(なかたがい)を避けようとして、どれほど苦心されたかは、想像に難くありません。また、肉親同士の対立ほど悲しいことはありませんから、他の三人のきょうだいも、辛く厳しい状況に立っておられたのではないかと思われます。

おそらく、きょうだい間の小さな正義と正義の対立、感情と感情のすれ違いから、どちらも自分の考えを押し通そうとして、何とも終止符を打つ術(すべ)がなくなったのではないでしょうか。そこで〝自分たち一家の生活は、遺産に頼らなくても何とかできることゆえ、三人のきょうだいの安心と満足を優先し、自分の権利を放棄して、全員の「平和」を実現しよう〟とされたのが、ご主人の決断であったのだろうと思えます。

とすれば、ここでは「ご主人の今回の決断が最善であった」と考えたいと思います。親や祖先の願いは、きっと「子供たちが仲よく、健康に、国家・社会に奉仕できるような家庭をつくること」にあるのでしょうから、あなた方ご夫妻がこれから目標とすべきことは、何より「今回のきょうだい間の仲違いが後を引かないように、少しでも改善するように努めること」ではないでしょうか。

＊遺恨を抱かず、関係の修復に努めて

したがって、最も大切なことは、今回のご主人の決断について、あなたが遺恨を抱かないように努めることです。

もし、あなたの心の中に〝夫は間違ってはいない。他のきょうだいは理不尽なことを言って、夫を黙らせた〟などという思いが残っているとすれば、あなたのその心が、ご主人の苦悩の決断を無意味にしてしまいます。そればかりでなく、

きょうだい間の不平・不満の気持ちは消えず、関係は修復されないことになるでしょう。

ご主人は、長男である自分が家を出ていて不在の間、他のきょうだいが両親を守ってくれていたことに対する負い目を感じているか、あるいはこのことについて、きょうだいたちから咎(とが)められたかもしれません。晩年だけ親の面倒を見たからといって……といった気持ちも、他のきょうだいにはあったかもしれません。きょうだいそれぞれの苦闘の人生がぶつかってしまったのですから、ひとつ間違えば裁判沙汰になっていたことも考えられます。ご主人は、それらすべてを水に流して、他のきょうだいの希望や家庭の事情を考え、皆の安心と満足と平和が実現することを願って、ご自分の権利を放棄されたのではないでしょうか。

これから覚悟すべきは、ご祖先様に対してきょうだい間の不和を詫びつつも、その関係改善を願って生活されることではありませんか。だとすれば、あなたはご主人の心を受けとめて、「お疲れ様でした。皆が喜んでくれたとすれば、これでよかったのですね」と、ご主人をねぎらうことから始めてはどうでしょうか。

少し冷静に時間をかけ、互いが少しずつ相手を思いやれるようになれば、固い氷も溶けて、水に流せるようになる日も来るでしょう。長い時間がかかるかもしれませんが、あなたたち夫婦が温かい寛容の精神で皆の心が和むように心がけることが、将来の親族の和の礎(いしずえ)になることを願っています。

きょうだいを恨む心を捨てるところから。
親祖先の心を思い、温かく見守ってください。

Q24

病と向き合うには
――心穏やかに後半生を送りたい

医師から内臓がんの告知を受けて半年あまりが過ぎました。入退院を繰り返し、最近は少し落ち着いてきましたが、一か月前に五十年来の友に先立たれ、精神的な落ち込みはどうしようもありません。妻も数年前に亡くなり、今では読書と子供や孫たちとの会話が唯一、心穏やかになれる時です。

病を抱えて生きるための、心の持ち方を教えてください。

（七十代・男性）

＊人生の後半に直面する大きな問題

自分自身のがんとの闘い、妻の他界、親友との別れ。さらには不安・寂しさ・孤独・生きる意味の喪失といった、人生の後半に必ず訪れる、逃れることのできない状況に対して、どのような心持ちで立ち向かえばよいかという、とても重い課題です。私の経験を超えた問題でもありますが、共に考えたいと思います。

「万物の霊長」と言われている私たち人間も、大宇宙、そして地球のあらゆる生命体の中の一構成員として、「土から生まれ、土に帰る」という生命の法則の中で生かされています。このことは、どんなに経済的に豊かで便利で安心感のある生活をしていようと、変えられない事実です。世界の諸宗教の祖師や賢人たちは、この事実をいかに受けとめるべきかについて、さまざまな示唆を与えてくれています。

ここでは「生命の法則という現実を受けとめつつ、自分のいのちとどう向き合っていくか」という現実的視点から、日常生活に即して、どのような心づかいで生きていくことがよいかを考えてみたいと思います。

＊自分の体の機能にも「感謝」と「励まし」を

まずはご自身の抱える病気とどのように付き合っていくかということですが、一日一日を恵みとして、「太陽と共に生きる」というような、自然な生き方ができるといいですね。病を抱えながらも、自分の力で行動されているようですから、しっかりと体を動かし、体全体からのメッセージに思いをめぐらせて、体の一つ一つの機能に感謝と励ましの言葉をかけながら歩んでいきたいものです。臓器の一つ一つが、また、六十兆個の細胞の一つ一つが、すべて私たちの意志以外のところで私たちのいのちを支えてくれていることを思う時、おのずと「生かされている」ということに感謝できるでしょう。

＊次世代の成長を見守る務め

次に、旧友を亡くされたという寂しさはあるものの、読書やお子さん・お孫さんとの会話を楽しんでいらっしゃるということですから、個人的にも家庭的にも恵まれた、有意義な時間を過ごされていることがうかがえます。

私たちの最大の喜びと安心は、「自分に続く次の世代のいのち」が正しく元気に育つ姿に触れた時、実感できるものでしょう。また、あなたが親として、そして人生の先達として、「孤独に耐え、病の中にも感謝しつつ、祈り、柔らかに生きる姿」をお子さんやお孫さんに示されることほど、貴い贈り物はないと言えます。

お子さんやお孫さんは、あなたの後ろ姿を通して、一人ひとりの人生の重みや、「いのちのバトンタッチ」の事実、そして「一人ひとりは祈り、生かされ、許されて生きている」ということを悟るでしょう。このように次世代の人々が正しく成長していく姿を、意識ある限り、感謝と共に慈しみの心をもって見守りたいものです。

＊人生に「感謝の花」を咲かせたい

第三に、自分のいのちの先行きに不安があればこそ、可能な限りやっておいていただきたいことがあります。それは、今日までの自分の人生に対して「感謝の花を咲かせる」という作業です。

あなたが過去に経験してきた数多くの「出会いや別れ」を、感謝の思いを込めて振り返り、思い残すことのないように、「あの人にはあの時のことに対する感謝の言葉を」「あの人にはあのことについてのお詫びを」「あの人とは悲しみや痛みとの別れを」と、貴い人生の旅物語の完成に向けて、一日一日を過ごされることです。はがきに感謝の思いを託して届けるのも、大きな喜びにつながることでしょう。

＊生きる姿が「後世への最大遺物」に

このように人生の終末を見つめてまいりますと、「別れ」とは寂しいことではありますが、その人の人生が最高に輝く時であり、一瞬一瞬がいのちといのちが触れ合う貴い瞬間であり、非常に密度の濃い出会いと別れの瞬間であることに気づきます。後に残される家族みんなが、これからの人生を、「希望と感謝」に満ちた心で肯定的に生きていけるよう、あなたの人生の最後の最後まで、感謝と祈りに生きることができますように。
内村鑑三氏の言葉を借りれば、あなたのその一日一日のお姿が、「後世への最大遺物」になると言えましょう。弱気になる自分をも受けとめ、勇気を鼓して、ゆっくりと大自然にすべてを委ねる気持ちでお過ごしください。

日々、前向きに。
「一日一生」の覚悟で歩んでください。

●フニャフニャになった日本人？

戦後の日本は、かつての儒教的道徳を放棄し、「自由と平等と平和」を絶対の価値として「平和国家」の実現を夢想し、ひたすら経済成長に邁進してきました。その成果として、経済的・物質的には格段の発展を遂げ、終戦直後とは見違えるほどの豊かな国家を実現しています。

しかし、そこに住む日本人は「大人になった」と言えるのか、疑問が残ります。私には（私を含む）日本人が、骨のない、目標もない、自分の楽しみにのみ忙殺されている「フニャフニャ人間」に見えて仕方がありません。

かつての日本人には、少なくとも、自分の家庭を斉（ととの）え、守り、国家と国民の平和と安寧を守り、保障するという共通の道徳意識（国民感情）が骨格にあったと思われます。戦後の私たちは、西洋の民主主義思想を空気のように受け容れ、個人主義的な自由と権利の主張には慣れたものの、「自分には、家庭や国家を維持し発展させ、守っていく責任がある」という自覚を教育されてこなかったと言えるでしょう。

●「尊敬する対象」を失ったとき……

西洋で生まれた民主主義思想は、「神」という絶対的な存在の前に自己を律することを前提としたものです。一方、日本人は古来、「偉人」「賢人」（真理や正義を実現してきた人々）に対して尊敬の念を抱き、その理想的な姿に倣って自分自身を律してきました。また、自分を生み育ててくれた親祖先、そして社会や国家のために人に先んじて尽くしてきたリーダーたちも「尊敬」の対象であったと言えましょう。こうした「尊敬する対象」の存在が日本人の道徳意識の根底にあって、家庭や社会・国家の秩序は保たれてきたのです。

ところが、日本では自由・平等への願望が増大したころから、家庭生活や社会生活の中でも、また、国家全体としても、そうした意識は薄れてきたのではないでしょうか。「尊敬する対象」を失って、人間的成長の目標を喪失した時、個人がフニャフニャになっただけでなく、国民全体として共有すべき道徳意識も育まれなくなり、バラバラになってしまったようです。「すべての判断が個人の恣意（気まま）に任される」という現状を止める原理を、日本人はもっていません。これでは、日本は内側から溶けてしまいます。

私たちは、「理想的な人間像」や「尊敬する対象」を基軸とした日本古来の道徳教育のよさを、今一度思い起こす必要があるのではないでしょうか。しかし、私は「かつての日本はよかった」ということを言いたいのではありません。今、個々の日本人が家庭生活や国家生活の中で守るべき道徳的目標を明らかにしていくためには、「理想的な人間像」を大切にしながらも、人類共通の人間の悪への傾向性、高慢さ、残虐性、罪深さ等を含む「人間の弱さ」を冷静に見据えた「基本的な人間理解」を育てることが必要であると言いたいのです。

●「人間の弱さ」を共有する

人間の弱さを知り、これを受け容れるということとは、「弱く生きることを勧める」ということではありません。人がいかなる状況の中でも強く生きることができるのは、「自分の弱さを受けとめ、共有してくれる人」がいてこそである、と思うのです。

今回のQ&Aでもしばしば感じたのですが、他人の欠点や過失を許せるかどうかは、私たちの根底に「人間の弱さ、罪深さ」への理解・共感と、これを超えた「真実の世界」が必ず存在するという信念があるか否かにかかっていると考えるのです。そして「真実の世界」にたどり着くためには、忍耐力をもって相手との対話を重ねていくしかないということを、体験的に実感することが大切であると痛感していま す。

それは、世界の諸宗教が説く「愛」「慈悲」「仁恕」等の精神態度を日常生活の中で体験し、深めていくことからしか実現しないであろうと考えます。

今求められているのは、一人ひとりの人生を大切に、特に「弱さ」に寄り添って生きることのできる家庭や学校や社会をつくっていくことです。私たちは、人間の弱さにまず共感し、お互いの存在を否定し合うことなく肯定し、その出会っている「今」を共に前向きに生きる中で、「人間は生かされている存在である」という真実の意味が現れてくることを体験していきたいものです。

あとがき

本書は、『ニューモラル』に掲載した「心づかいQ&A」を基本としながら、それぞれの回答に加筆し、読み物としての深みを加えた書物をつくりたいという提案からスタートしました。千字前後と限られていた『ニューモラル』の原稿に、何か表現しきれていない物足りなさを感じていた著者としては、少し自分の思想も加えて展開できることに感謝し、執筆作業に取りかかりました。

しかし、その作業は初めから全文を執筆するに近く、少し難航することになりました。読者の皆様も気づかれたかと思いますが、『ニューモラル』掲載時の回答とはかなり展開が変わっていて、文意が深くなっているかどうか……かえって読みづらくなっているかもしれないと危惧しています。さらに出版部の厚意で、章末にコラムを加えたいという著者の思いも入れていただき、新たに「生き方を考える」として書き下ろしました。それぞれが的を射ているかどうか案じるところですが、回答を書きつつ考えてきたことの一端は、表現できたと思っています。

「今回の出版を機に、限られた時間の中でできた一つの考え」として受けとめてくだされば幸いです。

本書の発刊に際しましては、公益財団法人モラロジー研究所の出版部部長・横山守男氏をはじめ、外池容氏、後藤勝弘氏、安江悦子氏には多大のお力添えをいただきました。特に、安江氏には文意を適切に補っていただきここに完成できましたことに、あらためて感謝申し上げます。

平成二十四年七月十八日

玉井　哲

玉井　哲（たまい あきら）
昭和20年（1945）、奈良県に生まれる。大阪大学工学部大学院修士課程修了、川崎重工㈱勤務、昭和46年よりモラロジー研究所研究部に勤務。上智大学大学院文学部哲学科修士課程修了。開発部青少年担当、女性講座担当、研修担当、モラロジー専攻塾教務室長、生涯学習本部副本部長、柏生涯学習センター長、相談センター長等を歴任。現在、モラロジー研究所相談室相談員・社会教育講師。

心づかいQ&A「今」を前向きに生きる

平成24年9月1日　初版第1刷発行
平成26年11月21日　第2刷発行

著　者　玉井　哲
発　行　公益財団法人 モラロジー研究所
〒277-8654 千葉県柏市光ヶ丘2-1-1
TEL.04-7173-3155（出版部）
http://www.moralogy.jp/
発　売　学校法人 廣池学園事業部
〒277-8686 千葉県柏市光ヶ丘2-1-1
TEL.04-7173-3158
印　刷　シナノ印刷株式会社

ISBN978-4-89639-219-7